고로 나는

존재하는
고양이

고양이는 이렇게
우리 곁으로 왔다

역 사

고로 나는

존재하는
고양이

고양이는 이렇게
우리 곁으로 왔다

역
사

진중권 지음

천년의상상

차례

들어가는 말 — 고양이중심주의 선언 7

역사

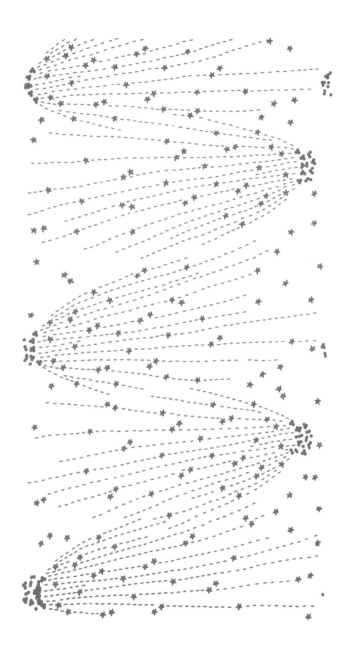

고양이중심주의 선언

너희 눈엔 내가 밥만 먹고 빈둥대는 걸로 보일 거야. 천박한 눈엔 그게 그저 게으름으로 보이겠지만, 몸을 안 움직인다고 해서 놀고 있는 건 아니야. 아무것도 안 하고 있을 때, 고양이는 실은 철학을 하고 있거든. 다빈치(Leonardo da Vinci, 1452-1519)가 그랬던가? "고상한 천재성을 가진 자의 정신은 몸을 안 움직일 때 실은 가장 창의적으로 활동하는 법"이라고. 고상한 천재성을 가진 고양이의 머리도 몸을 안 움직일 때 실은 가장 활발하게 움직이거든. 내가 잠이 많은 것도 그 때문이야. 정신을 고도로 집중하다 보면 머리가 이내 피곤해지기 마련이지.

사실 고양이의 삶이란 게 고대 희랍인들의 삶과 비슷한 데가 많아. 철학이 괜히 거기서 나왔겠어? 그들이 정치나 철학, 혹은 예술 등 고귀한 정신적 활동에 전념할 수 있었던 것도 노예들이 번거로운 육체노동을 대신해주었기 때문이잖아. 마찬가지로 내가 깨어 있는 시간의 대부분을 철학에 전념할 수 있는 것도, 먹고사는 문제를 해결해주는 충직한 집사들 덕분이지. 그들의 고된 노동이 없다면, 나 역시 길고양이들처럼 그 소중한 시간의 대부분을 쥐를 잡거나 쓰레기통을 뒤지는 데에 쓰고 있을 거야.

우리 집사는 독일까지 가서 해석학·언어철학을 공부했대. 아무튼 이 친구가 자유인일 때만 해도 '진리란 무엇인가?' 이런 추상적 문제로 고민을 했었지. 철학적으로 미성숙했던 게지. 하지만 나를 만난 후 비로소 철학적 물음을 좀 더 구체적으로 던질 줄 알게 됐어. 요즘은 문제를 이렇게 제기하나 봐. '모래의 진리란 무엇인가?' 사막화가 없는 모래는 냄새가 심하고, 냄새가 없는 모래는 사막화가 심하고, 냄새도 사막화도 없는 모래는 내가 싫어하고. 집사계 고전적 난제지. 모래의 진리가 그리 쉽게 찾아지나?

가끔 집사가 내 눈을 빤히 쳐다보다가 이렇게 말하곤해. "너, 실은 내가 하는 말 다 알아듣고 있지?" 당연하지. 말을 안 한다고 못 알아듣는 건 아니거든. 내가 네 말에 반응을 안 한다면, 그건 내가 굳이 들을 필요가 없는 말을 했기 때문일 거야. 생각해봐. 유덕한 삶에 꼭 필요한 말 — 가령 "간식 먹자" — 에 어디 한 번이라도 내가 반응 안 한 적 있어? 고양이와 몇 번 눈을 마주치다 보면, 고양이가 인간의 말을 알아듣는다는 것쯤은 직관적으로 알 수가 있어. 집사 생활 좀 해본 자들이라면 다 아는 비밀이야.

고양이는 왜 말을 안 할까? 그건 종족 특유의 철학적 성격 때문이지. 철학 좀 해본 동물이라면 언어란 게 얼마나 진리와 거리가 먼지 알 거야. 오죽하면 철학자 베이컨(Francis Bacon, 1561-1626)이 그걸 '시장의 우상'이라 불렀겠어? 논리학에서도 언어로 세상을 논하려는 시도는 결국 역리에 빠질 수밖에 없다고 가르치잖아. 불교에서 말하는 '불립문자'도 결국 문자 따위로 깨달음을 얻을 수는 없다는 얘기 아니겠어? 그걸 알기에 우리 종족은 진화의 특정 단계에서 언어를 포기하기로 결단을 내린 거야. 그때부터 '냥들의 침묵'이 시작된 거지.

말을 안 해도 사는 데에 지장은 없어. '파블로프의 개'라고 알지? 우리 집사는 간식을 줄 때마다 "간식 먹자"라고 말하며 짝짝 박수를 치거든. 그때마다 가서 몸으로 다리를 비벼주는 거야. 그럼 다음부터는 그냥 몸으로 다리만 비벼줘도 조건반사적으로 집사가 박수를 치고 간식을 갖다줄 거야. 사실 알고 보면 인간만큼 단순한 동물도 없어. 못 믿겠으면 실험을 해봐. 종이에 실크해트를 그려 보여주면서 이게 뭐냐고 물어봐. 아마 백이면 백 '코끼리를 삼킨 보아 구렁이'라고 대답할걸.

설사 우리가 말을 한다 해도 인간들이 알아들을지 모르겠어. 비트겐슈타인(Ludwig Josef Johann Wittgenstein, 1889-1951)이 말했잖아. "사자가 말을 한다 해도 우리는 그 말을 못 알아들을 것"이라고. 사자도 고양잇과科잖아. 예를 들어 우리 눈은 인간이 못 보는 자외선도 보고, 우리 귀는 인간보다 1.6옥타브 더 높이 듣고, 우리 코는 인간보다 열네 배나 풍부하게 냄새를 맡아. 게다가 야콥슨 기관Jacobson's organ까지 있어 입으로도 냄새를 맡거든. 감각기관이 다르면 세계도 다르게 주어지는 거야. 그러니 우리가 같은 '공간'에 산다고 같은 '세계'에 산다고 착각하지 마.

우리 집사는 자기를 '아빠'라 부르던데, 내가 어디를 봐서 자기를 닮았나. 이 미모가 애초에 그 얼굴에서 나올 수 있는 게 아니거든. 서로 종種이 다른데 굳이 자기를 아빠라 부르는 것은, 다른 세계에 속한 존재까지도 억지로 자기들 세계에 편입시키려 드는 종족 특유의 버릇 때문이겠지. 베이컨이 말한 '종족의 우상'이라고 할까? 물론 거기에 악의가 있다고 보지는 않아. 인간들은 누군가를 '가족'으로 받아들이는 것을 최고의 애정 표현으로 여긴다는 것쯤은 나도 아니까. 다만 손발이 좀 오그라들 뿐이야.

내가 제일 싫어하는 게 설날 때 때때옷 입히는 거야. 설날은 고양이의 세계가 아니라 인간의 세계에 속하잖아. 우리 종족에게는 절기 따위는 필요 없어. 왜? 우리는 과거도 미래도 없이 그저 영원히 현재를 사는 타고난 니체주의자거든. 게다가 옷이란 게 털 없는 원숭이에게나 필요한 거고, 설빔이 곱니 뭐니 해도 애초에 인간의 몸에 맞추어 디자인된 거잖아. 근데 내가 왜 그걸 입어야 해? 그냥 성의를 봐서 마지못해 입어주는 거지, 그런 천 뒤집어쓰는 걸 좋아하는 건 절대 아님을 알아줬으면 해.

타자를 타자로 인정하지 못하고 꼭 '인간화'해버려야 성이 차는 버릇. 그걸 철학에서는 '인간중심주의anthropocentrism'라고 하지 아마? 내가 이 책을 통해 말하고자 하는 게 있다면, 이 인간 종족 특유의 고질병을 극복하자는 거야. 하이데거(Martin Heidegger, 1889-1976)의 표현을 빌리면, 고양이를 대하는 현존재[=인간]의 태도 전환을 요청한다고 할까? 아무튼 대한민국 집사계에 팽배한 이 낡은 인간중심주의를 극복하고 집사 문화에 새로이 '고양이중심주의

felinocentrism'를 확립하는 것. 그게 내가 집사에게 이 책을 받아 적게 만든 목적이야.

말을 안 하는데 어떻게 구술을 하냐고? 그 어떤 동물보다도 고양이는 철학적이거든. 말 없는 우리의 생각을 읽는 방법이 있어. 고양이들의 눈을 바라봐. 홍채가 루비나 사파이어보다 훨씬 아름답다는 것을 알게 될 거야. 그 보석의 영롱한 빛깔을 바라보다 보면, 마치 꿈을 꾸는 듯 몽환적인 느낌에 사로잡힐 거야. 바로 그때가 교감이 이루어지는 순간이지. 그럼 우리 생각이 음성이나 문자라는 외적 매체의 도움 없이 그대로 너희 머릿속으로 옮겨질 거야. 그런 걸 사자성어로 '텔레파시'라고 해.

철학자 칸트(Immanuel Kant, 1724-1804)가 "천재는 규칙을 따르는 사람이 아니라 규칙을 주는 사람"이라고 했지? 지구상에서 이 '천재'의 규정에 가장 부합하는 게 아마 우리 고양이일 거야. 우리는 인간이 만든 규칙을 따르는 존재가 아니라, 인간에게 따라야 할 규칙을 부과하는 존재거든. 너희가 뭘 시킨다고 어디 우리가 따라 하든? 고양이 사전에 절대 그런 일은 있을 수가 없어. 그러니 괜히 너희의 규칙으로 우리를 구속하려 하지 마. 우리와 더불어 살다 보면 결국 공생의 규칙을 제정하는 건 너희가 아니라 우리라는 걸 깨닫게 될 거야.

초보 집사들은 자기들이 우리를 데려왔다고 착각하는 경향이 있어. 하지만 우리랑 좀 지내다 보면 슬슬 너희가 우리를 '선택'한 게 아니라 외려 우리에게 '간택'당한 게 아닌가 하는 의심이 들기 시작할 거야. 다시 말해 우리를 데려온 것이 자유의지에 따른 선택이 아니라, 고양이계의 어떤 영적인 힘에 의해 미리 결정된 사건, 그리하여 아주 오래전부터 그렇게 되도록 운명 지워진 사건이라는 느낌을 받게 되는 거지. 바로 그때 집사는 비로소 진정한 의미에서 집사가 되기 시작하는 거야.

왜 인간은 고양이를 자식으로 '입양'해 모성이나 부성으로 돌본다고 생각하고 싶어 할까? 아마도 낯선 존재와 교감하는 길은 그 존재를 '인간화'해 '감정이입'을 하는 것뿐이라고 믿기 때문일 거야. 물론 그것도 교감의 한 가지 방법일 수 있어. 하지만 인간이 그 뿌리 깊은 습속의 관성 때문에 반대의 가능성을 전혀 생각하지 못하는 것은 유감이야. 예를 들어 고양이를 인간화할 게 아니라 인간을 고양이화할 수도 있잖아. '고양이-되기devenir-un chat'라고 할까? 실제로 그런 일이 일어나곤 해.

갑자기 집사가 내 앞에서 네발로 기고, 접시에 놓인 내

밥을 먹어보고, 내 항문낭에 제 코를 갖다 대고, 자기 혀로 내 털을 핥아댈 때, 나는 이 위대한 역전의 서막이 오르는 것을 봐. 그 뒤로는 플라톤(Platon, 기원전 428?~기원전 347?)이 『향연』에서 말한 대로 진행된다고 보면 돼. 즉, 한 고양이를 사랑하는 데서 모든 고양이를 사랑하는 데로, 고양이의 신체를 사랑하는 데서 고양이의 정신과 영혼을 사랑하는 데로, 거기서 더 올라가 고양이성性 그 자체에 이르는 거지. 그렇게 고양이의 이데아와 하나가 되는 것. 그것이 바로 집사의 이데아야.

그러니 우리와 인연을 맺은 것을 불쌍한 존재를 하나 거두었다거나, 돌봐줘야 할 아이를 하나 입양했다는 식으로 생각하지 마. 아니, 말은 그렇게 하더라도 생각까지 그렇게 하지는 마. 그건 정말로 많은 것을 잃는 거야. 고양이는 인간의 자식이 될 수 없어. 아무리 친해져도 어딘가에 늘 낯선 면을 남기는 그런 존재거든. 그걸 인정하면 우리와 사는 삶이 밥 먹이고 똥 치우며 육아 일기나 쓰는 수준을 넘어, 특별한 존재를 만나 각별한 체험을 하는 철학적 사건이 될 거야. 잊지 마. 고양이는 동물 중에서 가장 철학적인 동물이라는 것을.

루트비히 진 비트겐슈타인

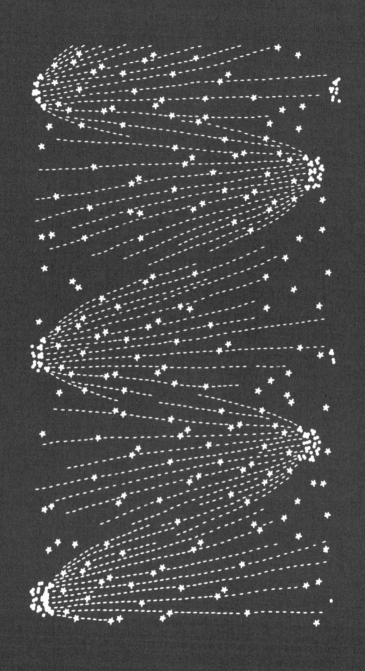

01

고양이의 창세기
— 연기 한 줌, 불길 한 자락,
빛나는 별 두 개

집고양이는 어떻게 생겨났을까? '미토콘드리아 이브 Mitochondrial Eve'라는 말이 있다. 모든 인류의 어머니라는 뜻이다. 최근 유전자분석 기법의 발달로 현생인류, 즉 지금 지구 위에 사는 모든 인간이 10-20만 년 전에 살았던 한 여인의 후손임이 밝혀졌다. 이로써 호모사피엔스가 여러 곳에서 동시에 발생했다는 가설이 반박된 셈이다. 고양이에게도 미토콘드리아 이브가 있다. 이 세상에 존재하는 모든 집고양이의 어머니는 누구일까? 그동안 다섯 종의 들고양이가 후보로 꼽혀왔다. 유럽 야생 고양이, 근동 들고양이, 중앙아시아 들고양이, 남아프리카 들고양이, 중국 사막 고양이가 그것이다.

이 중 어느 놈인지 알아내기 위해 2007년 미국 국립암

연구소NCI의 카를로스 드리스컬Carlos Driscoll이 이끄는 연구팀이 5대륙에서 거의 1,000마리의 집고양이 및 들고양이의 유전자를 수집하여 분석했다. 이를 통해 현존하는 들고양이 다섯 종이 모두 펠리스 실베스트리스Felis silvestris라는 들고양이의 아종이라는 사실이 드러났다. 한편, 집고양이는 어느 대륙에 사는 놈이든 모두 근동 들고양이Felis silvestris lybica와 유전자가 일치하는 것으로 밝혀졌다. 바로 요놈이 지금 지구상에 존재하는 모든 집고양이 어머니였던 것이다. 근동 들고양이는 지금도 이스라엘의 사막과 사우디아라비아에 살고 있다.[1]

고양이가 인간에게 온 것은 언제였을까? 아주 오랫동안 약 4,000년 전 이집트인들이 처음으로 야생 고양이를 집고양이로 길들인 것으로 알려져 왔다. 하지만 2004년 프랑스의 고고학자들이 이 정설을 뒤집는 증거를 발견한다. 사이프러스 섬에서 약 9,500년 전에 인간과 나란히 매장된 고양이의 유해를 발굴한 것이다. 이는 이미 신석기시대부터 고양이가 인간의 곁에서 살아왔음을 의미한다. 2014년에는 5,300년 전 중국의 신석기 주거지에서 발견된 고양이 뼈에 대한 분석이 이루어졌다. 그 결과 당시에 이미 고양이들이 집쥐와 곡식과 인간의 음식을 먹고 살았던 것

으로 드러났다.[2]

중국의 주거지에서 발견된 들고양이는 '레오파드 고양이'로 밝혀졌다. 이는 고양이의 가축화가 여러 곳에서 동시에 진행됐음을 보여준다. 하지만 레오파드 고양이가 오늘날의 집고양이로 이어진 것은 아니다. 시간이 흐르면서 중국 집고양이도 근동 들고양이로 교체되었기 때문이다. 오늘날엔 유일하게 벵갈 고양이만 레오파드 고양이의 유전자를 갖고 있다. 하지만 이는 집고양이에 야생성을 가미하려고 레오파드 고양이와 인공으로 교배시킨 결과이니, 자연적 진화와는 관계없는 일이다. 고양이의 가축화는 동시다발적으로 진행됐을지라도, 지금 존재하는 모든 집고양이의 어머니는 근동 들고양이다.

우연히 그렇게 된 것은 아닐 게다. 근동 들고양이가 유전자 경쟁의 최종 승자가 될 수 있었던 것은 이놈들의 유전적 특성이 다른 종보다 인간과 더불어 살기에 더 적합했기 때문이리라. 실제로 근동 들고양이는 다른 종에 비해 성질이 온순하다. 개는 사냥을 도와주기에 이미 구석기시대부터 인간과 더불어 살게 됐지만, 고양이가 인간을 찾은 때는 그보다 훨씬 늦은 신석기시대의 일이었다. 이 시기에 농경이 시작되어 인간은 수확한 농작물을 창고에 저장하기 시작했다. 이 곡식을 노리고 먼저 들쥐들이 오고, 이들을 쫓아 고양이도 자연스레 인간 사회로 들어오게 됐을 것이다.

고양이가 인간의 반려동물이 되는 과정은 크게 두 단계로 이루어졌다고 한다. 하나는 그냥 같이 사는 '공생화commensalization' 단계다. 인간으로서는 불쑥 나타난 이 불청객을 굳이 내칠 이유가 없었을 게다. 그러잖아도 성가신 쥐를 잡아주기 때문이다. 둘째는 고양이를 아예 집에 들이는 '가축화domestication' 단계다. 쥐를 잡아주는 효용이 있기에 아예 고양이에게 따로 먹이를 줘가며 곁에 잡아두는 게 유리하다고 판단했던 것이리라.[3] 이건 순전히 내 상상인데, 이 단계에서 아이들이 큰 역할을 했을 것 같다. 귀여운 새끼 고양이를 보고 당장 집에 들이자고 부모를 졸라대지 않았을까?

고양이의 가축화는 근동에서 제일 먼저 벌어졌다. 몇 해 전 자크 모노 연구소Institut Jacques Monod에서 집고양이의 확산 경로를 알아내기 위해 중동·아프리카·유럽의 30개 유적에서 발굴된 290마리의 고양이 유해에 대한 유전자분석을 실시했다. 그 결과 집고양이가 신석기시대인 12,000여 년 전 근동에서 확산된 후, 그로부터 수천 년이 지나 이집트로부터 다시 전 세계로 퍼져 나갔다는 사실이 밝혀졌다. 사실 이집트의 집고양이가 페니키아 상인의 배에 실려 유럽에 전해지고, 로마의 정복 전쟁과 더불어 유럽 전체로 퍼져 나간 사실은 이미 알려져 있었다. 이 조사에 따르면 고양이의 확산에 바이킹도 한몫했다고 한다.

고양이에게 '가축화'라는 표현을 써도 될지 모르겠다. 왜냐하면 인간의 손으로 길들여진 다른 동물과 달리 고양이는 제 스스로 길들여졌기 때문이다. 이른바 가축 중에서 고양이는 야생의 독립성을 그대로 유지하고 있는 유일한 동물이다. 아니, 고양이는 아직도 가축화되지 않았을지 모른다. 생물학자에 따르면 고양이는 개와 달리 이른바 가축화 후에도 유전자에 큰 변화가 없다고 한다. 따라서 고양이는 길들여졌다기보다는 그저 새로운 자연환경(인간 사회)에 스스로 '적응'한 것에 가깝다. 어쩌면 인간이 고양이를 길들인 게 아니라, 고양이가 인간을 길들인 것인지도 모른다.

이것이 과학이 제공해주는 고양이의 창세기다. 하지만 DNA니 미토콘드리아 따위가 고양이에 대해 뭘 알려주겠는가? 썰렁한 얘기는 이쯤에서 접어두고 이제 고양이의 '진짜' 기원을 알아보자. 『구약성서』에는 지구 위 모든 생명은 하나님이 창조하신 것이라 기록되어 있다. 그러니 당연히 고양이도 신이 지으셨을 게다. 아무튼 고양이는 신이 지으신 모든 생명 중에서 최고의 걸작임에 틀림없다. 그 고고한 자태, 우아한 동작, 그윽한 눈동자를 바라보노라면, 지구 위에 저 동물의 '귀족'을 내신 것만으로, 그동안 신이 인간에게 지은 모든 죄를 통째로 사하여주고 싶을 정도다.

사실 「창세기」에 따로 고양이에 관한 언급은 없다. 『구약』의 저자가 정작 신이 지으신 피조물 중 최고의 걸작을 따로 언급하지 않은 것은 참으로 의아한 일이다. 아무튼 『구약성서』에서 모든 동물은 하나님의 '말씀' 한마디에 우르르 한꺼번에 창조된다. "하나님이 가라사대 땅은 생물을 그 종류대로 내되 육축과 기는 것과 땅의 짐승을 종류대로 내라 하시고 (그대로 되니라)."(창 1:24) 이는 오늘날 공장에서 물선을 대량으로 찍어내는 것을 연상시킨다. 고양이도 이때 수많은 다른 동물에 묻어서 함께 창조됐을 것이다. 그래도 생명인데 창조 과정에 성의가 좀 없어 보인다.

「창세기」에 따르면 신이 지으신 생명 중에 핸드메이드 handmade, 데즈쿠리手作り, 수제품은 오직 인간밖에 없다. "여호와 하나님이 흙으로 사람을 지으시고 생기를 그 코

에 불어 넣으시니 사람이 생령이 된지라."(창 2:7) 이브 역시 직접 손으로 만드셨다. "아담을 깊이 잠들게 하시니 잠들매 그가 그 갈빗대 하나를 취하고 살로 대신 채우시고 …… 취하신 그 갈빗대로 여자를 만드시고."(창 2:21-22) 하나님은 인간만은 직접 손으로 빚으셨을 뿐 아니라, 동물과 달리 "자기 형상 곧 하나님의 형상대로"(창 1:27) 빚으셨다고 한다. 그러니 하나님도 우리만큼 못생기셨음에 틀림없다. 이는 성서가 보증한다.

사실『구약』과『신약』을 통틀어 성경에는 고양이에 관한 언급이 아예 없다. 히브리 사람들은 고양이에는 별 관심이 없었던 모양이다. 그래선지 고양이에 관한 한, 진정한 창세기가 전해지는 곳은 히브리가 아니라 페르시아 지방이다. 지금은 이란이라 불리는 이 지역에는 오래전부터 입으로 전해 내려오는 이야기가 있다. 이 설화에는 고양이를 직접 손으로 빚어 창조하는 과정이 자세히 묘사되어 있다. 세상에 존재하는 수많은 창세 설화 중 아마 이보다 더 귀엽고 깜찍한 얘기는 없을 것이다. 이 전설에 따르면 태초에 고양이를 지은 이는 신이 아니라 마술사라고 한다.

이야기는 아득한 옛날 페르시아의 전설적 영웅 루스탐Rustam이 활동하던 시절로 거슬러 올라간다. 어느 날 루스탐이 군대를 이끌고 길을 가다가, 우연히 한 노인이 도둑 떼에 잡혀 곤욕을 치르는 것을 본다. 그는 도둑 떼를 물리치고 그들의 손에서 노인을 구출한다. 이미 밤이 늦어 집에 돌아갈 수 없는 노인을 자기 막사로 모셔, 그에게 극진한 대접을 베푼다. 두 사람은 별이 쏟아져 내릴 듯 까만 밤하늘 아래 막사 앞에 피워놓은 조그만 모닥불을 사이에 두고 마주 앉아 이야기를 나누기 시작한다. 알고 보니 노인은 마술사였다.

큰 은혜를 입은 노인이 루스탐에게 말한다.

"저를 구해주신 보답으로 뭔가 아름다운 것을 선물로 드리고 싶은데, 혹시 바라시는 게 있는지요?"

루스탐은 그의 호의를 정중히 거절한다. 그는 값비싼 물건을 탐내는 사람이라기보다 영웅적 행동을 추구하는 사람이었기 때문이다.

"아니요. 저는 아무것도 바라는 게 없습니다. 보세요. 모닥불의 따뜻함과 나른함, 피어오르는 연기에서 나는 냄새, 그리고 머리 위에서 반짝반짝 빛나는 저 별들의 아름다움까지. 아름다운 모든 것이 이미 여기에 다 있는데, 바랄 게 뭐가 더 있겠습니까?"

이 말을 듣고 마술사는 먼저 모닥불에서 피어오르는 연

기를 한 줌 취하고, 거기에 혀처럼 날름거리는 불길 한 자락을 더하고, 반짝이는 수많은 별 중에서 가장 빛나는 별 두 개를 땄다. 그러고는 그것들을 손으로 함께 이겨 두 손에 고이 모아 쥐고, 그 안으로 '후' 하고 숨을 불어 넣었다. 이어서 모아 쥔 두 손을 루스탐 쪽으로 뻗더니 그의 눈앞에서 살며시 벌렸다. 벌어진 그의 두 손바닥 위에는 조그만 새끼 고양이 한 마리가 앉아 있었다. 그런데 그 아이의 털이 연기처럼 잿빛이요, 두 눈은 하늘의 별처럼 반짝이며, 앙증맞은 혀는 마치 한 자락 빨간 불길 같았다고 한다.

루스탐이 그 이상으로 아름다울 것이 없다고 느낀 게 무엇이었던가. 피어오르는 연기, 타오르는 불길, 쏟아지는 별빛이 아니었던가. 그 연기는 고양이의 털이 되고, 그 불길은 고양이의 혀가 되고, 그 별은 고양이의 눈이 되었다. 세상에서 가장 아름다운 세 가지가 하나로 합쳐져 만들어진 것. 그것이 바로 고양이다. 내가 진실로, 진실로 너희에게 이르노니, 고양이는 이렇게 우리 곁으로 왔다. 이것이 진짜 고양이의 창세기다.[4]

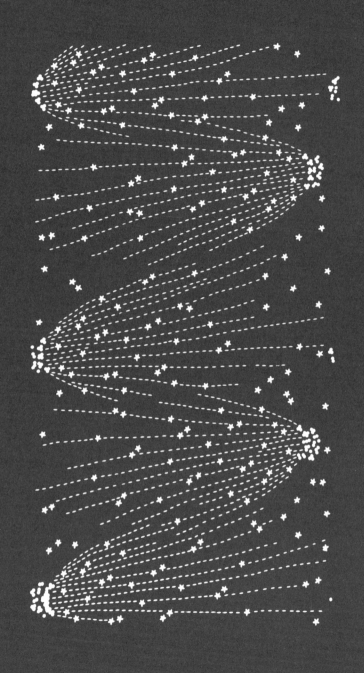

02

이집트인은 다만
고양이를
더 사랑했을 뿐

현대 '캣홀릭Cat-holic'교도의 열정도 중세 가톨릭Catho-
lic교도의 그것에 못지않다. 실제로 오늘날 고양이 사랑은
어딘가 '컬트'적인 데까지 있다. 사울이 예수를 만나 바울
로 거듭나듯이 고양이를 만나 새사람으로 거듭난 집사가
어디 한둘인가? 하지만 이 신흥종교의 신도들이 제아무리
고양이를 사랑한들, 이 영물을 한때 이 땅에 찬란한 문명
을 이룩했던 어느 역사적 민족보다 더 헌신적으로 사랑할
수는 없을 게다. 얼마나 사랑했던지, 고양이의 안위를 위
해 기꺼이 제 자유와 나라를 포기할 정도였다. 어느 민족
일까? 바로 고대 이집트인이다.

이집트인의 남다른 고양이 사랑은 이미 유물로 확인된
다. 약 3,500년 전부터 이집트에서는 고양이 조상彫像이

빈번히 등장하기 시작한다. 당시에는 오늘날과 같은 의미의 예술 문화가 없었으니, 그 조상들은 감상을 위한 '작품'이라기보다는 숭배를 위한 '신상'이었을 게다. 실제로 고대 이집트인들은 고양이를 신성한 동물로 여겼다. 이는 어디 아득한 고대에나 가능했던 일이 아니다. 인도인은 오늘날까지도 소를 신성한 동물로 여긴다. 이런 종류의 믿음을 종교학에서는 '토테미즘'이라 부르는데, 사회학자 뒤르켐(Émile Durkheim, 1858-1917)에 따르면 토테미즘은 "모든 종교의 근원"이란다.

이집트인들은 고양이를 어떤 신의 현신現身으로 보았다. 그 신은 처음에는 '마프데트Mafdet'로 불리다가 후에는 '바스테트Bastet'라 불린다. 초기 바스테트는 여성의 몸에 사자의 머리를 가진 것으로 묘사됐다. 이때만 해도 고양이는 아직 이 사자 머리 신을 따라다니는 반려동물일 뿐이었다. 하지만 제22왕조(기원전 945-기원전 715)를 거치면서 바스테트는 아예 고양이와 동일시되기에 이른다. 사자 머리의 바스테트는 그 용맹함으로 "인간을 불행에서 지켜주는 수호신"이었다. 하지만 고양이와 동일시되면서 그녀의 이미지는 "장난기, 풍요, 모성, 여성성" 등 집고양이의 일반적 특성과 연관되기 시작한다.

고양이를 신성시했다 해서 고양이 자체를 신으로 섬긴 것은 아니다. 그들도 우리처럼 고양이에 이름을 지어주며 친근하게 지냈다. 이집트인에게 고양이는 신의 현신이기도 하지만, 동시에 친근한 반려동물이기도 했다. 이를 입증하는 유물이 있다. 아멘호테프 3세Amenhotep Ⅲ의 세자 투트모세Thutmose는 왕위에 오르지 못한 채 젊은 나이에 죽었다. (요절한 형을 대신해 왕위에 오른 이가 그 유명한 아크나톤Akhnaton이다.) 그의 무덤에서는 생전에 먼저 떠나보낸 반려묘의 석관이 함께 발견되었는데, 그 석관에는 반려묘의 그림과 상형문자로 적은 비명이 새겨져 있다.

　　나는 저 하늘 불멸의 존재들 사이에 있다. 나는 타미트, 승리하는 자다. 왕의 장자이자 기술자들의 지도자 투트모세 사제의 치하에 태어나, 그에게 사랑을 받았도다. …… 위대한 신의 가호 아래 타미트는 피로하지도 않으며, 타미트의 육체는 지치지 않는다.

　　'피로하지 않다'거나 '지치지 않는다'는 표현은 당시 맥락에서는 '죽지 않는다'는 뜻이라고 한다. 투트모세 왕자는 현세에서 맺은 타미트와의 짧은 인연을 내세로 가져가 그와 영원히 함께하고 싶었던 모양이다.

왜 고양이를 그토록 소중히 여긴 걸까? 물론 고양이가 해로운 동물을 잡아주기 때문이었을 게다. '해로운 동물'이라고 할 때 당장 떠오르는 후보는 애써 수확한 곡물을 먹어치우는 쥐 떼일 것이다. 원래 야생에 살던 고양이가 결국 이 쥐 떼를 따라 인간의 곁에 온 것 아닌가. 또 다른 후보는 건조한 사막 지방에 사는 독사들, 특히 코브라다. 고양이는 날렵한 움직임으로 코브라를 잡는다. 바로 이 때문에 사람들은 고양이를 특별히 보호할 필요가 있다고 느꼈고, 그 보호를 효과적으로 하려고 고양이를 신성시하는 사회적 규약에 아예 종교적 신앙의 형태를 부여한 것이리라.

사실 이집트인이 신성하게 여긴 동물은 고양이만이 아니다. 그들의 벽화나 부조에는 각종 동물의 머리를 가진 신들이 등장한다. 아마 이집트 사회를 이루는 도시마다 제각기 다른 토템을 가지고 있다가, 도시들이 하나의 국가로 통합되는 과정에서 그 모두가 신성한 존재로 보호를 받게 됐을 게다. 하지만 그 수많은 토템 중에서도 고양이가 그들의 각별한 사랑을 받은 것만은 사실로 보인다. 기원전 5세기에 살았던 역사학자 헤로도토스(Herodotos, 기원전 484?~기원전 430?)는 이집트인의 남다른 고양이 사랑을 이렇게 전한다.

이집트의 집에서 기르는 짐승의 수는 어마어마하다. 고양이의 증식이 이렇게 방해받지 않았다면 그 수는 그보다 훨씬 더 많았을 것이다. 암고양이는 새끼를 낳으면 수컷과 짝짓기를 피한다. 그래서 수컷들은 또다시 교미를 하려고 묘책을 짜내 실행한다. 즉, 어미로부터 새끼를 훔쳐 죽이되 잡아먹지는 않는 것이다. 암컷은 워낙 새끼를 좋아하는 터라 더 많은 새끼를 가지려고 다시 수컷과 짝짓기를 하게 된다. 불이 나면 고양이는 자연을 초월한 충동에 따라 움직이는 듯하다. 화재 현장을 둘러싼 이집트인들은 오직 고양이를 구할 생각밖에 없으나, 고양이들은 구경꾼의 다리 사이로 빠져나가거나 그들의 머리 위로 뛰어올라 불 속으로 들어가려 하기 때문이다. 이런 상황이 벌어지면 모두 깊은 슬픔에 빠진다. 어쩌다 고양이를 잃은 가정에서는 성원 모두가 눈썹을 밀어버린다. …… 죽은 고양이는 성스러운 건물로 옮겨져 소금으로 방부 처리된 후 부바스티스시에 매장된다.[5]

고양이들이 왜 불 속으로 뛰어들었을까? 불이 나면 이집트인은 재산보다 먼저 고양이를 구하려 했다. 하지만 고양이는 잡으러 달려들면 본능적으로 도망치는 버릇이 있다. 사람들이 잡으러 달려드는 상황에서 패닉에 빠진 고양이가 갈 곳이라곤 아마 불 속밖에 없었을 것이다. 아니면 새끼를 구하러 뛰어든 걸까? 실제로 1996년 뉴욕 브루클린의 어느 집에서 화재가 났을 때 '스칼렛'이라는 길고양이가 새끼들을 구하려고 수차례 불길 속으로 뛰어들었다고 한다. 스칼렛은 몸에 큰 화상을 입었지만 구해낸 새끼들을 혀로 핥아가며 상태를 살핀 후 정신을 잃었다.

아무튼 그렇게 고양이를 잃으면 온 가족이 눈썹을 밀고 애도를 하며 사체를 미라로 만들어 부바스티스Bubastis시에 매장했다. '부바스티스'는 '바스테트의 집'이라는 뜻으로, 이름에서 알 수 있듯이 고양이에 바쳐진 도시였다. 이곳에서는 해마다 고양이 신을 기리는 축제가 열렸는데, 헤로도토스에 따르면 이 축제가 당시 이집트 전체에서 "그 위엄과 중요성에서 첫째"가는 행사였다고 한다. 그가 목격한 축제의 장면이다.

부바스티스의 행사에 참여하려는 사람들은 배를 다고 떠난다. 긱각의 배에는 수많은 남자와 여자가 난잡하게 뒤섞여 있다. 배를 타고 오는 내내 몇몇 여성들은 탬버린을 두드리고, 몇몇 남성들은 피리를 불어대며, 나머지는 남녀 가릴 것 없이 박수를 치며 노래를 부른다. 강안에 있는 도시 중 하나에 도달하면 배를 강가에 갖다 댄다. 몇몇 여성들이 계속해서 놀고 노래하는 동안, 다른 여인들은 큰 소리로 그곳 여성들을 불러내 험악한 말을 퍼붓고, 춤을 추며 문란하게 옷을 벗어던지기도 한다. 이 일은 배가 지나는 도시마다 반복된다. 그들이 부바스티스에 도착하면 수많은 희생 제물과 함께 축제가 시작된다. 이 기간 동안 일 년의 다른 모든 날을 합친 것보다 더 많은 양의 포도주가 소비된다. 현지인의 말에 따르면 이 행사에 참여하는 인원은 아이들을 빼고 성인 남녀만 세어도 70만 명에 달한다고 한다.[6]

이 도시에서는 실제로 고양이 미라가 대량으로 발굴되었다. 고양이 미라 옆에 가끔은 우유 단지와 쥐 미라가 발견되기도 한다. 고양이도 내세에 가서 먹을 게 있어야 하지 않는가. 이 관습이 부바스티스에만 있었던 것은 아니다. 가장 큰 규모의 고양이 묘지는 1888년 베니하산Beni Hasan이라는 곳에서 이집트의 한 농부에게 발견됐다. 여기서 발견된 수십만 구에 달하는 고양이 미라는 대부분 농부들 손에 들어가 밭에 뿌릴 거름으로 사용되거나 혹은 아이들 손에 들어가 그곳을 지나는 순례객들에게 기념품으로 팔려나갔다고 한다.

이집트인들의 남다른 고양이 사랑이 결국 그들을 몰락의 운명에 빠뜨렸다는 기록도 있다. 2세기경에 살았던 마케도니아의 학자 폴리아이누스Polyaenus는 전쟁술에 관한 자신의 저서에서 고대 이집트 왕국이 페르시아 군대의 침공을 막아내지 못한 이유를 이렇게 전한다.

캄비세스가 이집트로 통하는 관문인 펠루시움을 공격했을 때, 이집트인들은 굳은 결의로 도시를 방어했다. 그들은 공격자에 맞서 가공할 장치들을 앞에 세워놓고, 적에게 투석기로 화살과 돌과 불을 퍼부어댔다. 이 집중포화에 맞서 캄비세스는 자신의 전열 앞에 개·양·고양이·따오기 등 이집트인들이 신성시하는 동물을 배치시켰다. 그러자 이집트인들은 행여 자신들이 숭배하는 이 동물들이 다칠세라 즉각 작전을 중단했다. 이로써 캄비세스는 펠루시움을 함락시키고 이집트로 들어가는 통로를 확보할 수 있었다.[7]

전투가 끝난 후 캄비세스 2세Cambyses II는 포로로 잡힌 이집트인들 앞에 고양이를 내던졌다고 한다. '그깟 동물의 안위를 위해 제 나라와 자유까지 포기하느냐'고 비꼬는 뜻에서였다. 물론 이집트가 고양이 때문에 망했다고 한다면 엄청난 과장일 게다. 하지만 폴리아이누스의 기록이 사실이라면, 적어도 국가의 명운이 걸린 결정적 전투에서 그들의 고양이 사랑이 패인의 하나로 작용했다고 할 수는 있을 것이다.

이때 잃어버린 국권을 그들은 다시는 되찾을 수 없었다. 이 전투 이후 200년 가까이 이집트는 페르시아 아케메네스왕조(기원전 525~기원전 332)의 지배를 받고, 그 후 300년 동안은 다시 마케도니아 프톨레마이오스왕조(기원전 332~기원전 30)의 지배를 받는다. 지중해 패권이 로마로 넘어간 후에는 로마의 속주 중 하나가 된다. 하지만 그깟(?) 나라 좀 잃었다고 고양이 사랑을 포기할 사람들이 아니었다. 이집트의 정복자들도 고양이를 사랑하는 그들의 마음까지 정복할 수는 없었던 모양이다. 그리스의 역사학자 디오도로스 시켈로스Diodorus Sikelos의 『역사도서관』(기원전 60~기원전 30)에 나오는 얘기다.

로마인들 중 하나가 고양이를 죽였을 때 수많은 이들이 떼를 지어 그의 집으로 쳐들어갔다. 그 행위가 그저 우연한 사고였음에도 불구하고, 그를 구하려고 왕이 보낸 관리들도, 이 집트인들이 로마에 대해 가진 두려움도 그의 처벌을 면하게 해줄 수 없었다. 이는 어디서 주워들은 얘기가 아니다. 이집트를 방문했을 때 우리 눈으로 직접 목격한 것이다.[8]

그 로마인은 어떻게 됐을까? 위의 기록 바로 앞에 그의 운명을 짐작하게 하는 구절이 등장한다.

이들 동물 중 하나라도 고의로 죽인 자는 죽임을 당한다. 하지만 그가 죽인 것이 고양이나 따오기라면 고의든 고의가 아니든 반드시 죽임을 당한다. 일반 백성들이 떼를 지어 몰려와 가해자에게 잔혹하게 보복할 것이기 때문이다. 때로 이 일은 재판을 기다릴 새도 없이 이루어진다.

다른 동물이었다면 모를까, 가련한 로마 병사가 실수로 죽인 것은 하필 고양이였다. 그 때문에 나라를 통치하는 로마의 권력자마저도 분노한 군중의 손아귀로부터 제 나라 병사의 목숨을 구할 수 없었다. 그들로서도 어쩔 수 없었을 것이다. 로마는 이집트인들에게 강력한 정치적 지배력을 행사하면서도 종교적 감정만은 되도록 건드리지 않으려 했다. 매우 현명한 선택이다. 먼 훗날 영국의 은행가이자 취미 사학자인 새뮤얼 샤프(Samuel Sharpe, 1799-1881)는 이 사건에 대해 다음과 같이 논평했다.

한 민족으로 하여금 다른 민족을 제압하게 해주는 것은 무력이나 기술이라기보다는 더 높은 목표와 권력을 향한 강한 욕망이리라. 우리가 보았듯이 이집트인들은 용기를 잃은 게 아니다. 그럴 만한 계기가 생기면 그들도 테베 선조들의 이름에 부끄럽지 않게 아무것도 두려워하지 않는다는 사실을 보여주었다. 길에서 죽은 고양이를 보는 순간 그들은 왕의 명령과 로마 권력에 대항하여 분연히 일어났다. 만약 그들이 자신의 자유와 조국의 위대함이 쟁취할 만한 가치가 있는 것이라 생각했다면, 그들은 그것들을 어렵지 않게 얻어냈을 것이다.[9]

브루투스(Marcus Junius Brutus, 기원전 85-기원전 42)가 어디 카이사르(Julius Caesar, 기원전 100-기원전 44)를 덜 사랑했던 가? 그저 로마를 더 사랑했을 뿐이지. 마찬가지로 이집트인이라고 어디 조국을 덜 사랑했겠는가. 그들도 우리 못지않게 조국을 사랑했다. 다만 그보다 고양이를 조금 더 사랑했을 뿐이다. 내가 진실로, 진실로 너희에게 이르노니,

너희들 중 그 누구라도 고양이를 이보다 더 사랑할 자 있느뇨?

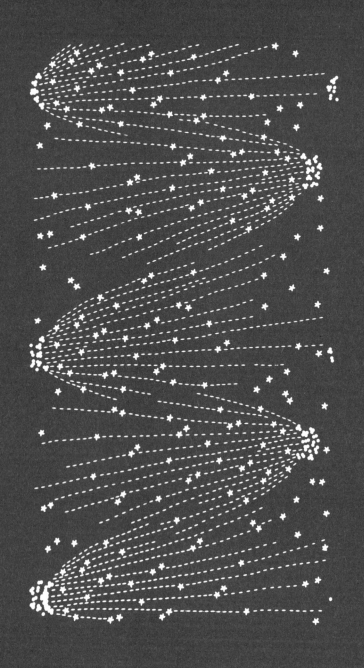

03

아르테미스,
다이아나,
루나라는 이름

고양이를 반려동물로 들이는 문화는 이집트에서 그리스-로마로 확산된다. 처음에 고양이는 외국에서 들어온 진기한 수입품, 이국적 동물로 여겨졌을 게다. 고양이를 집으로 들였다 해서 그리스-로마인이 이집트인처럼 고양이를 신성시한 것은 아니다. 헤로도토스는 동물을 신성시하는 이집트의 풍속을 '미신'이라 불렀다. "이집트인의 미신은 여러 곳에서 발견되지만, 특히 눈에 띄는 곳은 이곳[=동물숭배]에서다."(『역사』, LXV) 실수로 고양이를 죽였다가 살해당한 로마 병사의 얘기를 전한 디오도로스 시켈로스 역시 이집트인의 고양이 숭배를 '편견'이라 부른다.

하지만 고양이를 신성시하지 않았다고 고양이 신까지 버린 것은 아니다. 이집트와 그리스-로마의 문화가 뒤섞

이는 가운데 그리스–로마인들은 이집트의 고양이 신을 점차 성격이 비슷한 자신들의 신과 동일시하게 된다. 그 결과 바스테트는 그리스에서는 '아르테미스', 로마에서는 '디아나'가 된다. 아르테미스는 사냥의 신, 출산의 신, 처녀의 신, 무엇보다 달의 신이다. 디아나 역시 사냥의 신, 자연의 신, 달의 신으로 통한다. 고양이 신 숭배는 이렇게 아르테미스·디아나 숭배 형태로 그레코–로만Greco–Roman 문화로까지 이어진다. 이제 왜 세일러문의 고양이들 이름이 아르테미스, 다이아나, 루나인지 알겠는가?

　루나lūna는 라틴어로 '달'이라는 뜻이다. 달과 고양이의 연결은 이미 이집트에서 시작된 것으로 보인다. 전기傳記작가 플루타르코스(Ploutarchos, 46?–120?)는 이집트인이 고양이를 달의 상징으로 본 것은 "색깔의 다양성, 야행성, 다산성" 때문이라고 지적한다. 이 리스트에 그는 스스로 한 가지를 더 첨가한다. "고양이 동공은 보름달이 되면 둥글게 확장되고 달이 사라지는 그믐에는 줄어들어 닫혀버리는 듯하다."(『도덕들』, LXIII) 즉 고양이의 눈도 달처럼 차고 기운다는 것이다.[10] 아무튼 달과 고양이 사이의 이 유비 덕분에 고양이 여신 바스테트는 어렵지 않게 달의 여신 아르테미스·디아나와 동일시될 수 있었다.

이 동일시가 어떤 식으로 이루어졌는지 보여주는 문헌이 있다. 그리스의 문법학자 안토니누스 리베랄리스An-toninus Liberalis의『변신 이야기』(2세기경)에는 신화 속 무시무시한 괴물 티폰Typhon이 우주 시배권을 놓고 제우스와 전쟁을 벌이는 상황의 묘사가 등장한다.

그[=티폰]가 제우스로부터 지배권을 빼앗아야겠다고 생각했을 때, 신들 중 누구도 그의 공격을 막아낼 수가 없었다. 그들은 패닉에 빠져 모두 이집트로 도망가고, 남은 것은 아테나와 제우스뿐이었다. 티폰은 자취를 따라 그들을 끝까지 추적했다. 이 때문에 그들은 도망가면서 동물로 변신을 해야 했다. 그리하여 아폴론은 매, 헤르메스는 따오기, 아레스는 물고기, 아르테미스는 고양이가 되었다. 디오니소스는 엽소, 헤라클레스는 공작, 헤파이스토스는 황소의 형상을 취했고, 레토는 쥐로 둔갑했다. 나머지 신들도 각자 취할 수 있는 동물의 형상으로 변신했다.[11]

무슨 뜻일까? 한마디로 아폴론은 매의 머리를 가진 호루스 신, 헤르메스는 따오기의 머리를 가진 토트 신, 아르테미스는 고양이의 머리를 가진 바스테트 신이 되었다는 얘기다. 결국 이집트의 동물 신들은 원래 그리스에서 온 신으로서, 티폰의 눈을 피해 잠시 둔갑한 것에 불과하다는 뜻이다.

그리스 신들이 이집트 신들의 원조다? 물론 어림도 없는 얘기다. 이집트의 신은 그리스–로마의 신보다 최소한 천 년은 더 나이가 들었기 때문이다. 여기서 우리는 그리스–로마인들이 남의 문화를 흡수하여 제 것으로 가공하는 방식을 본다. 그 방식은 좋게 말하면 '주체적'이고, 나쁘게 말하면 '폭력적'이다. 사실 그리스–로마 문화에서 아르테미스·디아나는 고양이와의 연결이 그리 강하지 않았다. 하지만 『변신 이야기』는 기원후 2세기까지도 그리스–로마인들이 여전히 달과 사냥과 처녀의 신이 동시에 고양이의 신이라는 사실을 잊지 않고 있었음을 보여준다.

아르테미스·디아나를 바스테트로 보았다고 그리스–로마인들이 고양이 자체를 신성시한 것은 아니다. 이미 얘기한 것처럼 그들은 동물을 숭배하는 이집트의 풍습을 미신이나 편견으로 여겼다. 그들로서는 '신–반신반인–인간–반인반수–동물'로 이어지는 위계에서 하필 맨 아래에 있는 동물을 신성시한다는 게 도저히 이해가 되지 않았을 게다. 두 문화의 차이는 이미 신을 표상하는 방식에서부터 드러난다. 즉 동물 형상적zoomorphic인 이집트의 신과 달리 그리스–로마의 신은 인간 형상적anthropomorphic이다. 물론 이들도 때로는 동물로 변신하나 기본적으로는 인간의 형상을 하고 있다.

그리스–로마의 문헌이나 예술에서 고양이에 대한 기록은 그리 많지 않다. 이 지역에서는 고양이 사육이 그다지 일반화한 문화가 아니었기 때문이다. 이집트에서 바스테트 신은 곧 고양이 신이었으나, 그레코–로만의 아르테미스·디아나는 주로 달과 처녀와 사냥의 신으로 여겨졌고, 고양이 신의 이미지는 강하지 않았다. 게다가 그리스에서 고양이를 기르려면 이 동물을 이집트에서 밀반입해야 했다. 이집트인들은 고양이를 너무나 소중히 여긴 나머지 이 신성한 동물의 해외 반출을 금했기 때문이다. 이 시기 고양이 밀수는 무역의 귀재 페니키아인의 손으로 이루어졌다고 한다.

이집트의 고양이가 그리스에 전파된 시기는 대략 기원전 5세기경으로 추정된다. 하지만 그리스에서 고양이 묘사는 그보다 일찍 등장한다. 아테네의 케라메이코스Kera-meikos에서 발굴된 석관에 새겨진 저부조低浮彫는 이미 기원전 6세기(기원전 510)에 고양이가 반려동물로 받아들여졌음을 암시한다. 너무 시기가 이르기에 그 모습이 사실의 묘사가 아니라 상상의 표현일 뿐이라는 주장도 있다. 하지만 개와 고양이의 다툼은 주위에서 흔히 보는 너무나 일상적 장면인지라 그 말을 선뜻 믿기도 어렵다. 부조 속에서 고양이는 종교적 신성함을 잃고 평범한 반려동물이 된 것으로 보인다.

헤라클리온Heraklion에서 발굴된 석관의 부조는 의심의 여지없이 반려묘의 존재를 보여준다. 전장에서 죽은 젊은 이가 저승길을 떠나기 전에 소중한 존재들과 마지막 작별 인사를 나눈다. 동생으로 보이는 소년의 표정이 어둡다. 병사는 오른손으로 제가 기르던 새를 가둔 새장을 어루만진다. 새장 아래에 앉아 있는 것은 머리가 깨어져 나갔지만, 분명 고양이다. 인간과 고양이 사이에 정서적 교감이 있었다는 얘기다. 투트모세 석관의 그리스적 버전이라 할까? 다만, 그리스인들은 내세를 믿지 않았기에 타미트를 내세로 데려간 왕자와 달리 이 병사는 여기서 고양이와 영원한 작별을 해야 한다.

물론 모든 그리스인이 고양이와 교감했던 것은 아니리라. 알렉산드리데스Alexandrides의 희극에는 벌써 동물 학대 사례가 등장한다. 거기서 한 그리스인이 이집트인에게 말한다. "그대는 곤경에 처한 고양이를 보면 통곡하지만, 나는 그놈을 기꺼이 죽여 껍질을 벗긴다오."[12] 이집트에서 고양이 살해를 최고의 범죄로 규정한 것은 고양이를 '주체'로, 즉 인간과 대등하거나 혹은 우월한 존재로 여겼기 때문이었으리. 저 대사에는 이 이집트 풍습에 대한 잔인한 비웃음이 묻어난다. 고양이를 한갓 '객체'로, 즉 인간이 소유한 물건으로 보는 자의 입에서나 나올 수 있는 것이다.

고양이가 로마로 전파되는 데에는 그보다 더 오랜 시간이 걸렸다. 폼페이 유적에서 고양이 유해가 단 한 구도 발굴되지 않은 것은 그 때문이리라. 그럼에도 폼페이의 로마 유적에서 종종 고양이 모티브가 발견되는 것은, 그 모자이크의 제작자들이 주로 로마제국에서 활동했던 그리스 장인이었기 때문이다. 즉 고양이 묘사는 이국적 수입품으로 로마에 들어온 것이다. 로마에서 최초의 고양이 묘사는 기원후 1세기경에나 등장하기 시작한다. 그중 하나는 보르도Bordeaux에서 발견된 어느 소녀의 묘비다. 묘비 속에서 소녀는 두 팔로 고양이를 살포시 그러안고 있다.

전파는 늦었어도 고양이를 확산시키는 데에 결정적 역할을 한 것은 의심할 여지없이 로마인이었다. 고양이는 끝없는 정복욕을 실은 로마의 함선을 타고 유럽 전역으로 확산된다. 이렇게 이집트에서 그리스를 거쳐 로마로 전해진 아프리카 고양이가 오늘날 유럽 고양이들의 선조다. 물론 그 시절 이집트인들 외에 중국인들도 이미 고양이를 반려 동물로 길렀다. 하지만 당시 중국은 그 오지랖 넓은 알렉산더(Alexander, 기원전 356–기원전 323)도 미처 밟아보지 못한 땅. 유럽의 관점에서는 아예 존재하지 않는 것이나 다름없었다. 따라서 중국의 고양이가 머나먼 유럽으로 전해졌을 것 같지는 않다.

고양이의 이집트 기원설은 언어학적으로도 뒷받침된다. '캣cat'은 '동물'을 의미하는 북아프리카어 '콰타quatta'에서 유래했다고 한다. 이 낱말은 독일어[Katze], 스웨덴어[katt], 프랑스어[chat], 이탈리아어[gatto], 스페인어[gato] 등 유럽의 모든 언어에 제 흔적을 남겨놓았다. 동의어로 쓰이는 '푸스puss'나 '푸시pussy'도 마찬가지다. 이 낱말의 어원은 이집트 단어 '파쉬트pasht'로 거슬러 올라가는데, 이는 고양이 여신 바스트 또는 바스테트의 다른 이름이다.[13] 하지만 '고양이'의 어원에 관해서는 이 밖에도 다양한 설이 존재하며, 그중 어느 것도 확실한 것은 아니다.

한편, 고양이 신은 그 후에 어떻게 됐을까? 이 시대에 바스테트 숭배는 아르테미스·디아나 신앙의 형태로 로마가

개척한 모든 땅에 이식된다. 이 여신들이 원주민의 토착 모신母神과 혼합되는 과정에서 바스테트의 원형에 더 가까워지는 경우도 있었다. 하지만 기독교인인 콘스탄티누스(Constantinus, 280?-337)가 황제의 자리에 오르면서 상황은 달라진다. 그가 '밀라노칙령'(313)으로 기독교 박해를 끝낸 후, 제국에는 한동안 기독교와 다신교 사이의 불안한 동거가 지속된다. 하지만 헤브라이즘과 헬레니즘의 갈등은 이미 예정된 것이었다. 그 충돌은 일찍이 사도 시절에 시작된 모양이다. 『신약성서』「사도행전」의 기록이다.

데메드리오라 하는 어떤 은장색이 아데미의 은감실을 만들어 직공들로 적지 않은 벌이를 하게 하더니, 그가 그 직공들과 이러한 영업하는 자들을 모아 이르되 여러분도 알거니와 우리의 유족한 생활이 이 업에 있는데, 이 바울이 에베소뿐 아니라 거의 아시아 전부를 통하여 허다한 사람을 권유하여 말하되 사람의 손으로 만든 것들은 신이 아니라 하니 이는 그대들도 보고 들은 것이라. 우리의 이 영업만 천하여질 위험이 있을 뿐 아니라 큰 여신 아데미의 전각도 경홀히 여김이 되고 온 아시아와 천하가 위하는 그의 위엄도 떨어질까 하노라 하더라. 저희가 이 말을 듣고 분이 가득하여 외쳐 가로되

크다 에베소 사람의 아데미여 하니.[14]

　이들은 바울의 집회가 예정된 극장을 점거하고 장장 두 시간 동안 "크다 에베소 사람의 아데미여"를 외쳤다고 한다. 요즘 표현으로 바꾸면 "위대하도다. 에페수스 사람들의 아르테미스여!"라는 뜻이다. 이 기록은 에페수스에서 사도바울이 척결하려 한 것이 고양이 신 아르테미스 숭배였으며, 그 신앙이 당시 매우 강고했음을 보여준다. 이 사건은 사실 앞으로 벌어질 더 큰 충돌의 작은 전주곡이었다. 기독교가 소아시아에 전파되던 시절 기독교도와 다신교도는 거리에서 서로 유혈 충돌까지 벌였다.

　콘스탄티누스가 '밀라노칙령'을 발표할 때만 해도 서로마제국에서 기독교인은 아직 인구의 5분의 1을 넘지 않았다. 기독교인들이 여전히 소수자로서 전통적 다신교의 핍박을 받는 신세였던 것이다. 이 기독교인 황제는 기독교 박해를 공식적으로 금지하고 다신교 신앙을 억압하려 했으나, 조치가 그리 강력하지는 않았다. 간혹 이교 사원을 약탈·파괴하는 경우도 있었지만, 대체로 신축을 허용하지 않는 선에 머물렀다. 또한 그는 기독교인에게 참여를 강요하지 않는 한 제국의 다신교도가 그들의 "낡은 환상의 의식"을 치르도록 허용했다.

국가적 후원에도 불구하고 기독교도는 아직 소수였기에 제국 안에서는 한동안 유일신교와 다신교가 어색하게 공존하는 상황이 계속됐다. 인구학석으로 강요된 종교적 관용이라고 할까? 콘스탄티누스가 사망한 후에는 한동안 다시 '이교도' 황제가 등장하여 헬레니즘의 다신교를 되살리기도 했다. 하지만 이 다신교 르네상스는 오래가지 못했다. 이교도 황제들의 뒤를 이어 등장한 테오도시우스(Theodosius, 347-395) 황제는 니케아Nicaea의 기독교 정교를 제국의 유일한 종교로 선포하며, 본격적으로 다신교 신앙을 억압하기 시작한다.

누구도 성소에 가서는 안 되며, 신전 안을 걷거나 눈을 들어 인간의 노동으로 만든 조각상을 쳐다봐서도 안 된다.[15]

기독교인 눈에 헬레니즘의 다신교는 그저 '이교paganism'일 뿐이었다. 테오도시우스 2세(Theodosius Ⅱ, 401-450)의 치하에서 신전은 파괴되고, 점술사는 처형되고, 신도는 개종을 강요받는다. 마침내 기독교적 중세의 막이 오른 것이다.

고양이 신 숭배가 사라진 것은 아마 이즈음이었을 게다. 그 시절 국가의 이름으로 신전은 폐쇄되고, 신상은 파괴되고, 신도는 처형당했다. 하지만 국가나 교회의 권력이 미치지 않는 외진 곳에서는 여전히 아르테미스·디아나·바스테트 숭배가 행해졌다. 이 관행이 유럽의 몇몇 지역에서는 심지어 중세 후기까지 지속되기도 했다. 기독교의 가부장 신이 독재를 하던 시절에 일부 지역에서나마 여전히 고양이 여신을 기억했다는 것은 다행스러운 일인지도 모른다. 하지만 곧 살펴보겠지만 그것이 외려 유럽의 고양이들에게는 아주 가혹한 운명을 안겨주게 된다.

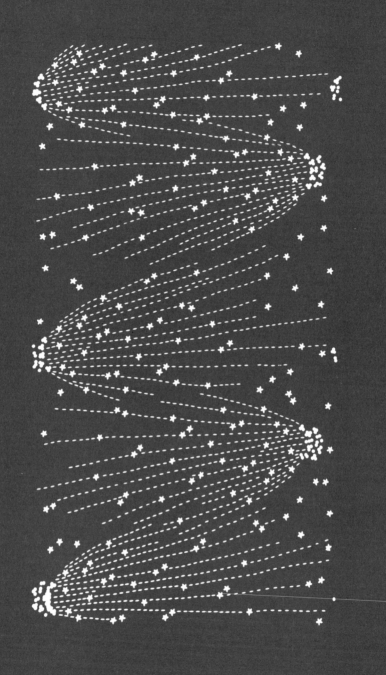

04

성서에는 왜
고양이가
등장하지 않을까

사자·늑대·개·낙타·염소·양·독사·비둘기·독수리·개미·물고기·고래 등 성경 66권에는 온갖 동물이 등장한다. 그 이름을 이루 나열할 수 없을 정도다. 하지만 그 기나긴 목록에 이상하게 고양이만 빠져 있다. 어찌 된 일일까? 이를 설명하는 가설들이 있다. 그중 그럴듯한 것 몇 가지만 꼽아보자. 대표적 가설은 이것이다: 「창세기」에서 신은 인간으로 하여금 "바다의 고기와 공중의 새와 육축과 온 땅과 땅에 기는 모든 것을 다스리게" 하셨다.(창 1:26) 하지만 다들 알다시피 고양이가 어디 인간에게 다스려질 놈이던가? 이렇게 신의 명령을 정면으로 거스르는 놈이라 성경에서 배제됐다는 것이다.

　다른 가설 역시 「창세기」에 근거한다. 온갖 죄악으로 더

렵혀진 세상을 보다 못해 하나님은 인간들을 큰물로 씻어 버리기로 한다. 신은 노아에게 큰 방주를 짓게 한 후 이렇게 명하신다. "모든 정결한 짐승은 암수 일곱씩, 부정한 것은 암수 둘씩을 네게로 취하며, 공중의 새도 암수 일곱씩을 취하여 그 씨를 온 지면에 유전케 하라."(창 7:2-3) 방주를 완성한 후 노아는 말씀에 따라 동물들을 불러 모았다. 모든 게 순조롭게 돌아가는 듯했다. 고양이 차례가 되기 전까지는. 이놈은 아무리 불러도 오지 않았다. 고양이가 어디 누가 부른다고 쪼르르 달려오던가? 결국 방주에 타지 못한 고양이만 성경에서 빠졌다는 것이다.

마지막 가설은 『신약』에 근거한다. "예수는 우리 범죄함을 위하여 내어줌이 되고 또한 우리를 의롭다 하심을 위하여 살아나셨느니라."(롬 4:25) 즉 예수님은 우리의 죄 때문에 돌아가셨고, 우리의 구원을 위해 다시 사셨다는 얘기다. 하지만 집사들은 안다. 고양이는 항상 옳다는 것을. 고양이가 접시를 깬다면 집사가 접시를 위험한 데에 둔 탓이요, 이불에 똥을 싼다면 집사가 화장실 청소를 게을리한 것이다. 고양이는 진리다. 항상 옳으니 죄를 지을 수 없고, 지은 죄가 없으니 대신 죽어줄 이도 필요 없다. 결국 기독교의 핵심 교리가 애초에 고양이에게는 해당이 안 되는 것이다.

　물론 웃자고 하는 소리다. 하지만 인터넷을 보니 고양이가 빠진 이유에 관해 이보다 진지한 설명도 꽤 올라와 있다. 대부분 기독교의 가치와 고양이의 어두운 속성이 서로 충돌하기 때문에 그랬다는 식이다. 시대착오다. 성서에 고양이가 안 나오는 이유는 아주 단순하다. 그냥 『구약』 시절 근동 지방에 집고양이가 존재하지 않았다는 것이다. 눈에 띄지도 않는 존재가 어떻게 성경에 등장할 수 있었겠는가? 『신약』 시절도 상황은 크게 다르지 않았다. 기원후 1세기에 멸망한 폼페이에서도 고양이의 자취를 찾을 수 없는데, 유대 출신의 저자들에게 고양이가 눈에 띄었을 것 같지 않다.

　사실 고양이가 성경에 딱 한 번 언급되긴 한다. 정경이 아닌 『구약성서』 외경 「바루크서書」에서다. "박쥐, 제비, 온갖 새들이 그들[=신상들]의 몸과 머리에 내려앉는다. 고양이도 마찬가지다. 이것으로 그들이 신이 아님을 너희 자신도 알 수 있으니 그들을 두려워하지 말지어다."(바 6:21-22) 바루크는 선지자 예레미야의 제자이니, 기원전 6세기에 이미 고양이의 존재가 알려져 있었다는 얘기가 된다. 이상한 것은 "내려앉는다"라는 표현이다. 고양이는 박쥐나

새처럼 날지 못하지 않는가. 번역이 제대로 됐는지 의심스럽지만,「바루크서」의 원본이 사라져 확인할 길은 없다.

흔히 생각하는 것과 달리 교회는 원래 고양이에 적대적이지 않았다. 교회가 배척한 것은 고양이가 아니라 '고양이 신'이었기 때문이다. 기독교가 전파될 당시 로마제국에는 고양이를 신성시하는 문화가 존재하지 않았다. 아니, 그리스–로마인은 외려 그 풍습을 비웃지 않았던가. 문제는 그 시절 로마인의 대다수가 여전히 다신교를 믿고 있었다는 것이다. 그 '다신' 중에는 물론 고양이 신 아르테미스·디아나·이시스도 포함되어 있었다. 교회의 표적은 다신교 신앙이었고, 그리스–로마의 다신교도들은 고양이를 숭배하지는 않았다. 따라서 교회에서 굳이 고양이를 박해할 이유가 없었다.

종교 간 다툼은 미련한 인간의 일일 뿐, 고양이들은 이 싸움에 전혀 관심이 없었다. 고양이는 로마인들의 배를 타고 유럽으로 퍼져 조용히 인간과의 공존을 시작한다. 이들이 현지의 야생 고양이와 교접함으로써 오늘날 유럽 고양이의 원형이 만들어진다. 유럽에서 고양이들은 대체로 방치되었지만 쥐 잡는 능력 때문에 일부 길러지기도 했다. 중세의 고양이는 교감을 나누는 반려동물이라기보다

는 쥐 잡는 일꾼mouser에 가까웠다. 고양이 가죽을 사고팔
았다는 기록도 있다. 하지만 고양이 가죽을 여우 가죽으로
속여 팔기도 한 것으로 보아 그 값이 여우 가죽만 못했던
것 같다.

10세기에 웨일스Wales 지방을 다스렸던 하우얼 다(Hy-
wel Dda, 880~950) 왕의 법률에는 고양이에 관한 규정이 포
함되어 있다. 거기에는 고양이의 가격이 적혀 있다. 눈 뜨
기 전까지는 1페니, 눈을 떠서 쥐를 잡기 전까지는 2페니,
쥐를 잡기 시작하면 4페니. 당시 새끼 양, 거위, 암탉이 1
페니, 다 자란 양이나 염소가 4페니였으니 싸지 않은 가격
이다. 남의 고양이를 죽이면 돈으로 이 값을 치르거나, 아
니면 고양이 사체를 덮을 만큼의 곡식으로 배상해야 했다.
독일의 작센Sachsen 지방에도 비슷한 법이 있었다. 고양이
값을 곡식으로 치르게 한 것은 당시 고양이를 쥐 잡는 가
축으로 여겼다는 것을 보여준다.[16]

중세 유럽에서 고양이가 반려동물로 여겨진 것은 14세
기 이후로 보인다. 이 시절 시리아로부터 고양이가 수입
된다. 갈색에 검은 줄을 가진 시리아 고양이는 유럽의 회
색 고양이와는 외관 자체가 달라 귀족 사이에서 큰 사랑을
받았다. 한번은 카스티야의 이사벨 여왕(Isabel I de Castilla,

1451-1504)이 이 시리아 고양이를 갖기를 원했다. 궁정의 한 가신이 우연히 잘생긴 시리아 고양이를 발견하고 그놈의 주인인 노부인과 흥정을 시작했다. 하지만 여왕의 이름을 팔며 아무리 높은 값을 쳐준다 해도 노파는 제 고양이를 팔지 않으려 했단다. 고양이가 돈으로도 살 수 없을 만큼 소중한 존재가 된 것이다.[17]

고양이를 반려자로 보는 문화가 귀족층에 한정된 것은 아니었다. 실은 중세에 이들에 앞서 아주 오래전부터 고양이를 내내 인간의 반려자로 여긴 계층이 있었다. 바로 수도승이다. 고양이는 그들의 외롭고 무료한 은둔 생활의 훌륭한 반려자가 되어주었다. 이것으로 보아 중세의 교회가 고양이를 적대시했다는 것은 후대의 편견인 듯하다. 예를 들어 중세의 서적을 장식한 세밀화에서 고양이는 외려 쥐의 공격으로부터 식량의 성채를 지켜주거나, 성체성사에 사용할 빵을 훔쳐 가는 쥐를 잡아 바치거나, 혹은 베 짜는 수녀의 일을 거드는 고마운 존재로 묘사되곤 한다.[18]

교회에서 고양이에 대해 악담하기 시작한 것은 13세기 이후의 일이다. 하지만 그때만 해도 이는 교회 일부의 생각이었던 것으로 보인다. 14세기에 상류층에서는 교회에서 뭐라 하든 고양이를 반려동물로 들이기 시작하지 않았던가. 13세기에 어느 무명 저자가 쓴 『수녀 생활 안내서 *Ancrene Wisse*』는 이를 잘 보여준다. 저자는 수녀들이 수도원에서 동물을 키우는 것을 엄격히 금하면서도 고양이 한 마리만은 예외로 둔다.

친애하는 자매들이여, 꼭 필요하거나 그대들의 감독자가 권하지 않는 한, 고양이 한 마리만 빼고 아무 동물도 가져서는 안 됩니다. 동물을 기르는 수녀는 마르타보다 더 가정주부 같아 보여서 마음의 평안을 가지고 쉽게 마르타의 자매, 마리아가 될 수 없습니다.[19]

『신약성서』에 따르면 예수와 제자들이 마리아·마르타 자매의 집을 방문했을 때, 언니 마르타가 손님 접대를 위해 바쁘게 움직이는 동안 동생은 예수 옆에 앉아 얘기만 들었다고 한다. 이에 언니가 마리아를 꾸짖자 예수는 외려 언니를 나무랐다. 집안일을 하는 것보다 하나님 말씀을 듣는 게 더 중요하다는 것이다.(눅 10:38-42) 저 안내서에서 반입을 금지한 그 '동물'은 당시 수도원에서 널리 사랑받던 개로 보인다. 즉 개의 뒤치다꺼리를 하다 보면 허드렛일이나 하는 마르타가 되지만, 제 앞가림을 하는 고양이를 기르면 말씀에 전념하는 마리아가 될 수 있다는 얘기다.

　이처럼 고양이는 중세 내내 외로운 수도 생활의 동반자로 남아 있었다. 고양이와 수도사의 관계가 때로 드높은 '정신적 교감'의 수준에까지 이르는 경우도 있었다. 9세기경 어느 아일랜드 수도승은 자기가 기르던 고양이 '판거 밴Pangur Bán'에 바치는 헌시를 썼다. 이 시에서 판거 밴은 저자와 함께 수련을 하는 영혼의 친구로 묘사된다. 상상해보라. 수도원의 두껍고 육중한 벽으로 둘러싸인 어두침침한 수도승의 방. 촛불을 밝힌 책상에 앉아 글을 쓰는 수도승. 그 옆에서 함께 밤을 지새우는 하얀 고양이 한 마리. 비록 성서에 고양이는 안 나와도, 중세의 수도원에는 고양이가 있었다.

　니벨레스의 성녀 제르트루다(St. Gertrude of Nivelles, 626-659)가 '고양이의 성인'이었다는 이야기가 있다.[20] 인터넷에 널리 퍼진 이 이야기는 유감스럽게도 과거 문헌에는 전혀 등장하지 않는다. 과거 문헌에서 제르트루다는 외려 '쥐의 수호성인'으로 언급되며 옷 위에서 쥐가 뛰노는 모습으로 묘사되곤 한다.[21] 다만 15세기 초 독일에 역병이 돌았을 때 쥐를 쫓아달라고 그녀에게 기도했다는 기록은 남아 있다.[22] 이 때문에 호사가들이 그녀가 고양이의 수호

성인이라는 얘기를 지어낸 모양이다. 인터넷에 퍼져 있는 고양이를 안은 성녀의 이미지는 실은 중세가 아니라 20세기 대중문화에 속하는 현상이다.

왜 제르트루다는 쥐의 수호성인이 되었을까? 알 수 없다. 하지만 그 이유를 짐작하게 해주는 한 가지 정황이 있다. 중세 수도승의 원형이 된 은둔자들은 청결을 죄악으로 여겼다. 육체에 신경을 쓰는 것이 구원에 방해가 된다고 믿었기 때문이다. 육체의 청결과 영혼의 정화를 서로 대립적 가치로 보았기에, 그들은 쥐가 득실거리는 토굴에서 온몸에 쥐와 벼룩을 뒤집어쓰고 살곤 했다. 얼마나 더러웠던지 중세의 흑사병이 이들의 몸에서부터 퍼져 나갔을 것으로 추정하는 학자들이 있을 정도다. 중세 몇몇 수도원에서는 이들을 모범 삼아 수도승에게 목욕을 금지하기도 했다.

이들과 극적 대조를 이루는 것이 무슬림이었다. 기독교 수도자가 쥐를 반겼다면, 무슬림은 고양이를 좋아했다. 무슬림들은 영혼의 정화를 위해 신체의 청결이 필요하다고 보았다. 무슬림의 고양이 사랑은 널리 알려져 있다. 그들이 고양이를 좋아한 것은 무엇보다도 그놈이 청결한 동물이었기 때문이다. 특히 선지자 무함마드(Muhammad, 570?-632)는 고양이를 각별히 사랑하여 기도하는 제 옷 위에서

잠든 고양이를 깨우지 않으려 칼로 옷소매를 잘라낼 정도
였다. 이슬람 전설에 따르면 고양이 이마 위의 M 자는 무
함마드가 손바닥을 고양이 이마에 대어 축성할 때 생긴 무
늬라고 한다.

　십자군 원정(11-13세기경)에서 돌아온 병사들은 "우리는
개를 좋아하는데 무슬림은 고양이를 좋아한다"라고 전했
다. 이로 미루어 중세 서구 사회는 고양이보다 개를 더 선
호했던 것으로 보인다. 십자군 전쟁이 한창이던 시기에 서
구에서는 서서히 고양이에 대한 부정적 인식이 확산되기
시작한다. 중세 후기의 교회에서 고양이를 사악한 동물로
보기 시작한 데에는 다양한 이유가 있었을 게다. 하지만
십자군을 통해 전해진 무슬림의 고양이 사랑도 그 요인 중
하나로 작용했음에 틀림없다. 하필 적敵그리스도들이 고
양이를 사랑한다는 사실은 유럽의 고양이들에게는 그리
좋은 소식이 아니었다.

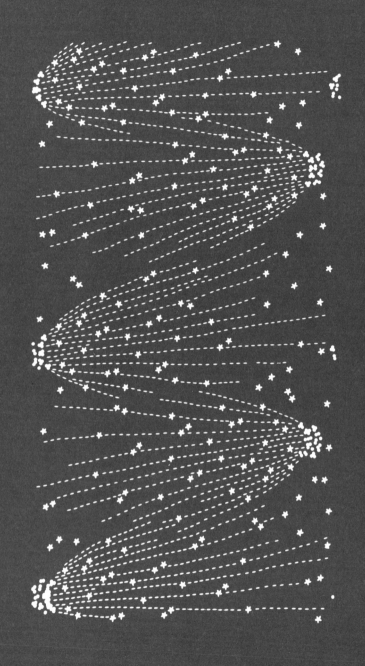

05

마녀와
검은 고양이의
비극

중세 고양이의 운명은 13세기 이후 극적 전기를 맞는다. 계기가 된 것은 교황청의 '순결파Cathars' 탄압이었다. 이 종파의 이름은 '깨끗하다'는 뜻의 그리스어 '카타로이 katharoi'에서 유래한 것이라고 한다. 그 이름에 걸맞게 이들은 거의 결벽증에 가까울 정도로 종교적 계율을 엄격히 지켰다. 이것이 세속화한 가톨릭교회의 모습과 뚜렷한 대조를 이루며 이들은 유럽 전역으로 세를 무섭게 확장해나갔다. 교회에게는 위협이 아닐 수 없었다. 결국 교회는 이들을 토벌하기 위해 유럽 안에서 십자군 전쟁(1209-1229)까지 벌이고, 이들과 그 밖의 다른 종파의 활동을 감시하려고 유럽 곳곳에 종교재판관을 파견한다.

그 재판관 중 하나인 콘라트 폰 마르부르크(Konrad von

Marburg, 1180-1233)가 1233년 교황청에 독일에서 암약하는 사탄 숭배자들을 색출했노라고 보고한다. 있지도 않은 종파를 존재하게 하는 비법은 물론 가혹한 고문과 협박이었다. 교회 내에서도 이 무리한 심문 방식에 대한 지적과 비판이 나왔지만, 어떤 이유에선지 교황 그레고리우스 9세(Gregorius IX, 재위 1227-1241)는 「라마 교서」(1233)를 발표해 세속의 권력자들에게 콘라트의 이단 색출에 적극 협력하라고 명한다. 고양이는 이 교서로써 사상 최초로 교회 문헌을 통해 공식적으로 사탄으로 규정된다. 교서에는 콘라트가 색출했다는 사탄 숭배자들이 한다는 의식의 절차가 자세히 적혀 있다.

이 종파가 수행하는 의식은 다음과 같다. 새 신도가 이 저주받은 자의 종파에 처음 가입할 때면, 그 앞에 '두꺼비' 같은 형상이 나타난다. 몇몇은 이 동물의 엉덩이에, 몇몇은 그 입에 키스를 하는데, 이때 그들은 그놈의 혀와 침을 입으로 받아들이게 된다. 그놈은 가끔은 엄청나게 큰 모습으로 나타나나 대개는 거위나 오리, 때로는 오븐 크기로 나타난다. 신참이 앞으로 걸어 나오면, 놀라울 정도로 창백한 얼굴의 사내가 그를 영접한다. 새카만 눈을 가진 이 사내는 너무 말라 살 없이 뼈 위에 피부만 걸친 것처럼 보인다. 키스는 얼음처럼 차갑다. 이 키스를 하고 나면 그의 마음에서 가톨릭 신앙의 기억이 완전히 사라진다. 이어서 앉아서 함께 식사를 한다. 식사를 마치고 일어나면 이런 종파에 흔히 있는 기둥에서 중간 크기의 개만 한 검은 고양이가 꼬리를 세운 채 내려온다. 처음에는 신참, 다음은 마스터, 이어 다른 이들도 서열대로 고양이의 엉덩이에 차례로 키스를 한다. …… 그러고는 자리로 돌아가 고양이에게 머리를 숙인 채 기도문을 외운다. 마스터가 "우리를 구하소서"라고 말하면, 그 옆에 있는 자가 "누가 명했는가?"라고 대꾸한다. 세 번째 사내가 "지고하신 주님입니다"라고 말하면, 네 번째는 "고로 복종해야 합니다"라고 말한다.[23]

그 밖에도 교서에는 이 고양이 숭배자들이 교회에서 몰래 성체를 훔쳐서 더럽힌다고 적혀 있다. 한때는 성체를 훔치는 쥐를 잡아주는 지킴이로 여겨졌던 고양이가 졸지에 성체를 훔쳐 가는 무리의 두목이 되어버린 것이다. 기독교인에게 이 빵은 곧 '그리스도의 몸Corpus Christi'이니, 그것을 훼손하는 것보다 더 큰 죄는 없을 것이다. 아무튼 교황까지 이 허무맹랑한 얘기를 믿었다는 것은 이해하기

힘든 일이다. 그동안 교회에서는 초자연적 능력을 가진 존재는 오직 신밖에 없다는 이유에서 공식적으로 사탄이나 마녀의 존재를 부정해왔기 때문이다. 그랬던 교회가 자신이 배척해왔던 바로 그 미신에 빠져버린 것이다.

「라마 교서」가 고양이 학살의 신호탄이었다는 주장도 있다. 하지만 이때만 해도 고양이는 비극의 주인공이라기보다는 소품에 가까웠다. 교회의 관심은 고양이가 아니라 주로 순결파를 박멸하는 데에 있었기 때문이다. 고양이는 이 잔혹극에서 그저 순결파를 사탄과 연결하는 고리 역할을 했을 뿐이다. 교회의 몇몇 저자들은 '순결파Cathars'라는 말이 고양이를 뜻하는 라틴어 cattus에서 나왔다고 우겼다. 종파의 이름에 이미 사탄과의 연결이 함축되어 있다는 것이다. 그 시절 '고양이'라는 딱지는 지금의 '빨갱이'와 같은 역할을 했다. 이 딱지는 100년 후 성당 기사단을 탄압하는 데에도 요긴하게 사용된다.

아우구스티누스(Aurelius Augustinus, 354~430) 이래로 교회는 공식적으로 하나님 외에 이 땅에 초자연적 힘을 발휘할 존재는 없다고 가르쳐왔다. 하지만 서기 1,000년경을 지나면서 차차 교회마저 사탄과 연결된 주술사들이 실재한다는 미신을 받아들이게 된다. 「계시록」에 예수승천

천 년 후 종말이 온다고 기록되어 있기 때문이었다. "천 년이 차매 사단이 그 옥에서 놓여 나와서 땅의 사방 백성 곧 곡과 마곡을 미혹하고 모아 싸움을 붙이리니 그 수가 바다 모래 같으리라."(계 20:7-8) 성경에 기록된 밀씀을 '미신' 이라 할 수는 없잖은가. 그리하여 토마스 아퀴나스(Thomas Aquinas, 1225?-1274) 같은 명민한 학자도 이 땅에 마귀들이 실재한다고 믿었다.

이 시기에 고양이의 부정적 이미지를 확산시키는 데에 결정적 역할을 한 인물은 전설적 설교자 베르톨트 폰 레겐스부르크(Berthold von Regensburg, 1210-1272)였다. 얼마나 말을 맛깔나게 했던지, 그가 설교를 하면 한번에 6만 명이 모이기도 했단다. 그는 특출한 말솜씨로 고양이에 대한 온갖 험담을 하며 돌아다녔다.

모두 고양이를 경계하라. 그놈은 울타리 아래나 그 어디서든 두꺼비를 만나면 그 입을 벌려 피가 나도록 핥아댄다. 그러면 그 농으로 인해 매우 목이 마르게 되어 인간이 마시는 물로 와 마심으로써 우리까지 불결하게 만든다. 많은 이들이 그로 인해 반년이나 일 년 동안 몸이 아프거나 심지어 목숨을 잃기도 한다. …… 따라서 고양이를 멀리 쫓으라. 그놈의 목에서 나오는 숨은 건강에 해롭고 견디기 힘들다. 부엌이든 그 어떤 곳에서든 볼 때마다 쫓아내라. 그놈들은 치명적으로 불결하기 때문이다.[24]

여기서 베르톨트는 고양이를 쫓으라 하지 죽이라 하지 않는다. 이것으로 보아 비록 고양이의 이미지가 부정적으로 변했을지라도 이 시기에 고양이 대학살이 벌어졌을 것 같지는 않다. 설사 고양이를 살해하는 일이 있더라도 국지적·간헐적 수준을 넘지 않았을 게다. 고양이 대학살이 벌어지려면 여기서 최소한 200년이 더 흘러야 한다. 13세기에 극적으로 변한 것은 고양이의 운명이 아니라 이미지였다. 이때 형성된 고양이의 부정적 이미지는 향후 500년 동안 유럽인의 의식을 지배하게 된다.

어떤 이들은 교황 인노켄티우스 8세(Innocentius Ⅷ, 재위 1484-1492)를 고양이 대학살의 원흉으로 꼽는다. 그가 고양이를 "사탄과 동맹을 맺은 이교의 동물"로 규정했다는 것이다. 하지만 그가 했다는 이 말은 출처가 불분명하다. 그의 유명한 1484년 교서에도 정작 고양이에 관한 언급은 하나도 없다.[25] 거기에는 그저 라인강 인근에 마녀와 마술사들이 출현하여 태아를 유산시키고, 가축의 번식을 방해하고, 작물의 소출을 망치고, 역병을 퍼뜨리니, 지역의 교회는 교황청이 파견한 종교재판관들을 도와 이들을 색출하라는 명령이 있을 뿐이다. 그런데 왜 이 교서가 마녀사냥·고양이사냥의 신호탄으로 알려진 걸까?

이유가 있다. 당시 라인강 지역에 파견된 종교재판관 하인리히 크라머(Heinrich Kramer, 1430-1505)는 그 지역의 교회가 자신의 일에 협조를 잘 하지 않는다고 교황청에 보고한다. 1484년의 교서는 이에 대한 교황의 답변이었다. 교서에는 종교재판관의 일을 방해하는 자는 파문당할 것이라는 경고가 담겼다. 하지만 교황의 지원에도 크라머는 원하던 협조를 얻는 데에 실패한다. 결국 자리에서 물러난 그는 그간의 경험을 담아 마녀사냥 매뉴얼, 『마녀 철퇴 *Malleus Maleficarum*』(1485)를 쓴다. 인노켄티우스가 마녀사냥·고양이사냥의 원흉이 된 것은, 그가 교서로써 이 악명 높은 사냥꾼을 공식적으로 지원했기 때문이리라.

널리 알려진 것과 달리 마녀사냥은 가톨릭교회만 한 게 아니다. 실은 루터(Martin Luther, 1483-1546) 같은 종교개혁가도 마녀사냥에 찬성했고, 칼뱅(Jean Calvin, 1509-1564)은 아예 마녀 처형을 직접 지시하기까지 했다. 마녀사냥이 중세에만 있었던 것도 아니다. 마녀사냥이 최고조에 달한 것은 16-17세기, 즉 우리가 '근대'라 부르는 시기였다. 나아가 교회만 한 것도 아니다. 세속 권력들 역시 '반反마녀법'까지 만들어가며 마녀사냥에 적극 가담했다. 따라서 마녀사냥의 책임을 온전히 인노켄티우스나 크라머에 돌리기는 어렵다. 하필 이즈음에 유럽 전체가 집단 광기에 빠져든 데에는 다른 요인이 있었을 것이다.

15세기 후반부터 유럽은 오늘날 기상학자들이 '소小빙하기'라 부르는 시기를 맞게 된다. 6월에 눈발이 내리는 기상이변은 농사에 막대한 피해를 끼쳤다. 갑자기 우박이나 서리가 내려 수확을 앞둔 농작물을 망치는 것이 다반사였다. 이 재앙에서 가축들도 영향을 받지 않을 수 없었다. 소출이 줄어들자 사람들의 영양 상태도 나빠졌고, 그에 따라 역병도 자주 돌았다. 과학도 기술도 없던 시절, 문제 해결의 유일한 방식은 '원인'을 찾아 제거하는 것이 아니라 '범인'을 찾아 처형하는 것뿐이었다. 교란에 빠진 자연 질서를 회복하기 위해 사회는 적당한 희생양을 찾고 있었다.

희생양으로 지목된 것은 주로 여성이었다. 통계는 당시 희생자의 75퍼센트가 여성이었음을 보여준다. 여기에는 교회의 여성 혐오가 중요한 역할을 했다. '여성feminine'은 '신앙fidelity이＋부족한minus' 존재라, 남자보다 사탄의 유혹에 더 쉽게 빠진다는 것이다. 또 다른 희생양은 고양이였다. 특히 검은 고양이는 사탄의 자식으로 여겨졌다. 게다가 고양이는 성적으로도 문란한 동물로 간주됐다. 한 배로 동시에 여러 수컷의 새끼를 낳고, 발정기에 요란한 교성을 내기 때문이다. 이리하여 마녀로 지목된 여성에게는 '문란함'이라는 또 하나의 부정적 이미지가 덧씌워졌다.

이를 보여주는 대표적 예가 베르나르디노(Bernardino, 1380~1444)의 설교다. 설교에서 그가 언급한 사건은 고양이가 등장하는 마녀재판의 가장 이른 기록 중 하나이기도 하다. 그의 말에 따르면 1427년 한 여인이 아이 서른 명의 피를 빨아 죽였다고 '자백'했다. 베르나르디노는 이를 악마의 소행으로 설명한다. 악마가 희생자의 집을 방문하면 그 집 사람들의 머릿속에 환영을 일으킨다는 것이다.

> 그[=악마]가 이 일을 하러 갔을 때 암고양이를 봤다고 말하는 사람들도 있습니다. 어떤 이들은 이 고양이를 막기 위해 아무것이나 닥치는 대로 집어던져, 그놈을 맞추기도 했습니다. 그리고 이들 고양이 중 일부는 거기에 맞아 다리가 부러지기도 했습니다. 그렇다면 다리가 부러진 것이 결국 누구였을까요? 악마가 아니라 바로 귀신 들린 여인이었습니다.[26]

여인은 결국 화형을 당했다. 여기서 주목할 것은 '성gender' 차별이다. 설교의 앞부분에서 그는 "엄청나게 많은 남자와 여자들이 고발당했다"라고 말하나, 설교의 중간에 "최악의 범죄를 저지른 여인들"이라고 하더니, 최종적으로 사형을 당한 것은 두 명의 여인이었다고 말한다. 고발은 남녀가 똑같이 당해도 처형은 주로 여성이 당했다는 얘기다.

이 시기에 고양이는 마녀로 지목된 여성과 운명을 같이했다. 고양이도 그들처럼 자루에 담겨 물에 빠져 죽고, 산 채로 땅에 묻혀 죽고, 장작더미 위에서 불에 타 죽었다. 이 시절 가장 위험한 상태에 있었던 것은 고양이를 사랑하는 여성, 특히 검은 고양이와 함께 있는 여성이었으리라. 기나긴 마녀사냥의 광란이 막을 내리는 것은 먼 훗날의 일이다. 사람들이 더 이상 마녀의 존재를 믿지 않게 될 때쯤, 마녀는 검은 고양이를 데리고 어른들의 현실을 떠나 아이들의 동화 속으로 들어간다. 오늘날 동화 속 마녀의 이미지에서 이 어둡고 잔혹한 과거를 떠올리는 사람은 거의 없을 것이다.

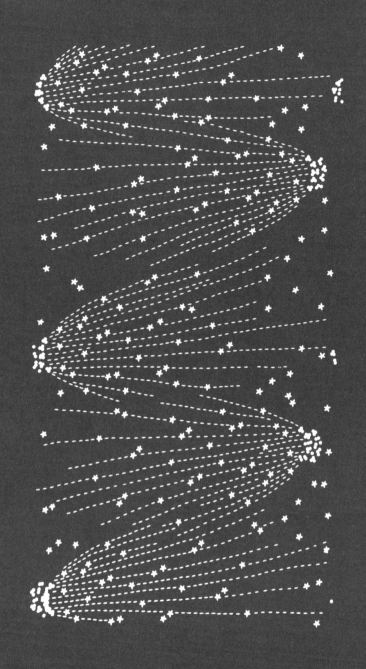

06

고양이
화형식

유럽의 여러 나라에서는 6월 24일을 요한축일로 기념한다. 이날은 성뿔 요한이 탄생한 날로, 성탄절·부활절과 함께 가톨릭교회의 중요한 명절로 꼽힌다. 성탄절과 다르지 않게 요한축일에서도 설레는 것은 축일 당일보다는 외려 전야였다. 특히 젊은 남녀들은 이날을 손꼽아 기다렸다. 그날만큼은 저녁부터 다음 날 아침 미사 때까지 밤새 쏘다니는 것이 허용되었기 때문이다. 축일 전야가 오면 사람들은 광장에 장작불을 피워놓고, 그 위를 뛰어넘고 주위를 돌며 춤을 추었다. 하지만 이 행사의 하이라이트는 따로 있었다. 프레이저(Sir James George Frazer, 1854-1941)의 『황금 가지』에 나오는 얘기다.

과거에 파리의 그레브 광장에서 거행된 하지 축제에서는 바구니, 나무통, 혹은 자루에 살아 있는 고양이들을 가득 담아 장작더미 한가운데에 세워진 기둥에 매달아 태워 죽이는 것이 관습이었다. …… 프랑스의 왕들이 종종 이 장관을 지켜보며 손수 장작에 불을 붙이기도 했다. 1648년 루이 14세는 장작에 불을 붙이고, 그 앞에서 춤추고, 타운 홀에서 열린 뒤풀이에 참가하기도 했다.[27]

이 관습은 다른 도시에서도 있었다. 예를 들어 메츠Metz에서는 열댓 마리의 고양이가 버드나무로 만든 우리에 갇힌 채 불 속에서 산 채로 타 죽었고, 오트잘프Hautes-Alpes 지방의 가프Gap에서도 비슷하게 하지 축제의 행사로 고양이들을 장작불에 구워 죽였다고 한다. 그런가 하면 생 샤몽Saint-Chamond이라는 곳에서는 고양이를 태워 죽이는 대신에 고양이 몸에 불을 붙인 후 도망가는 놈을 우르르 뒤쫓아 다녔다고 한다. 이렇게 도시마다 다소 관습의 차이가 있지만, 그 모든 지역의 행사에 공통적으로 들어 있는 세 가지 요소가 있다.

즐거움의 불feu de joie(캠프파이어), 고양이, 그리고 마녀사냥의 흥겨운 분위기가 그것이다. 어디서든 고양이 타는 냄새가 나는 곳에는 반드시 사람들의 웃음이 따랐다.[28]

세상에, 산 생명의 살이 타들어 가는 냄새를 맡고, 산 생명이 죽어가며 내지르는 비명 소리를 들으며 어떻게 즐거워할 수가 있을까? 독일의 사회학자 노르베르트 엘리아스(Norbert Elias, 1897-1990)는 『문명화 과정』에서 이 관습에 대해 이렇게 논평한다.

사실 그보다 더 끔찍한 것은 고양이 화형과 다양한 종류의 고문 및 공개 처형이다. 그것들이 더 끔찍하게 여겨지는 것은 살아 있는 것에 고통을 주는 쾌감이 거기서 아무 감춤 없이 아무 목적 없이, 이성에 용서를 구하지 않은 채 너무나 적나라하게 드러나기 때문이다.[29]

그의 말대로 오늘날 누군가 고양이를 태워 죽이는 데서 쾌감을 느낀다면 '비정상'으로 여겨질 것이다. 하지만 16-17세기에는 그토록 커다란 즐거움을 주었던 그 행위에서 오늘날의 사람들은 외려 혐오감을 느낀다. 감성의 구조에 일어난 이 변화는 물론 그가 말하는 '문명화 과정'의 결과일 것이다. 도대체 이 잔혹한 관습은 어디서 비롯된 것일까? 메츠 지방에서 일어난 고양이 화형의 경우에는 그 기원에 관한 역사적 기록이 남아 있다.

14세기 메츠에 무도병舞蹈病이 번졌다. 이 병에 걸리면 이유 없이 춤을 추게 되는데, 일단 발작이 시작되면 멈출 수가 없어 지쳐 쓰러질 때까지 추게 된단다. 이 도시를 찾은 한 나그네가 어느 날 저녁 자신이 묵은 여관방에서 "매우 특별한 고양이"를 본다. 얼마나 특별했던지 인간의 언어로 험악한 말을 하더란다. 그가 무기를 집어 들자 고양이는 홀연히 사라지고, 그와 함께 여관집 주인의 무도병도 사라졌다. 얘기를 전해 들은 관청에서 그놈 대신 고양이 열세 마리를 잡아 광장에서 태워 죽였다. 그랬더니 도시 전역에서 병이 사라졌고, 이를 계기로 고양이 화형식이 연례행사가 되었다는 것이다.[30]

말이 '기록'이지 사실 '전설'에 가까운 얘기다. 이 전설을 전한 무명의 저자는 고양이 화형식의 기원을 14세기로 돌린다. 하지만 중세의 기록에는 고양이 화형을 연례행사로 치렀다는 것은 존재하지 않는다. 그도 그럴 것이, 제도화한 고양이 화형은 16세기의 산물이기 때문이다. 아마도 저자는 이 야만적 관습의 책임을 어두운 중세로 돌리고 싶었던 모양이다. 나아가 그는 이 화형식의 주최자를 '관청'으로 지목한다. 이 끔찍한 행위에 교회가 연루되었다는 사실을 극구 부정하고 싶었던 것이다. 이 때문에 어떤 이는 저자가 기독교인이었을 것으로 추정한다.

제도화한 고양이 화형식은 16세기의 산물일지 모르나 사실 동물을 불에 태워 죽이는 관습은 아주 오랜 기원을 갖는다. 그 기원은 아득한 선사시대로 거슬러 올라갈지도 모른다. 사실 성 요한축일에 희생된 것은 고양이만이 아니었다. 프레이저의 『황금 가지』에는 뱀들이 불을 피해 기둥으로 기어오르다 꼭대기에서 더 갈 곳을 못 찾고 떨어져 죽는 장면이 묘사되어 있다. 왜 동물을 태워 죽인 걸까? 프레이저에 따르면 고양이를 태워 죽인 후 "사람들은 그 불의 잉걸이나 재를 모아 집으로 가져갔다. 그렇게 하면 재수가 좋다는 것이다." 그 관습이 일종의 주술이었다는 얘기다.

선사시대에는 젊고 건장한 사내를 왕(혹은 신)으로 섬기다가 주기적으로 살해하는 관습이 있었다. 그 시대에 '왕'은 생장력의 상징이었다. 왕이 젊고 건강한 동안에는 자연도 젊음과 건강을 유지하나 노쇠해지면 자연도 노쇠해진다고 믿었기에, 주기적으로 왕을 살해하고 그 자리에 새로

젊고 건장한 사내를 앉혔던 것이다. 하지만 세월이 흐르면서 이 끔찍한 인신공희는 사람 대신 인형을 죽이는 것으로 바뀐다. 독일에서는 요한축일에 '한스'라는 이름의 밀짚 인형을 태운다고 한다. 오늘날까지도 들판을 지키는 허수아비는 아마 왕 대신에 죽어갔던 그 인형에서 유래한 것이리라.

인간을 대신하여 죽어간 또 다른 존재는 동물이었다. 이 주술 신앙은 기독교가 전파되기 전에 이미 움직일 수 없을 정도로 굳어져, 교회에서도 그 관습을 없애지 못했던 것으로 보인다. 그렇다면 남은 것은 그것을 기독교화하여 교회 안에 품는 길뿐이다. 성탄절·부활절·추수감사절과 같은 교회의 명절은 대부분 기독교가 생기기 훨씬 전부터 동지·추분·춘분과 같은 절기에 다산을 기원하는 주술적 목적으로 행해졌던 이교의 여러 축제에서 비롯된 것이다. 하지 축제도 그렇게 요한의 탄생일이 되어, 그의 이름으로 동물을 태워 죽이는 이상한 일이 해마다 벌어진 것이리라.

선사시대에 사람들은 밀짚 인형을 태운 후 그 재를 밭에 뿌렸다. 그러면 풍년이 든다는 믿음에서였다. 요한축일에 고양이를 태워 죽인 불의 잉걸이나 그 재를 집에 가져간 것은 선사의 이 주술적 사고에서 비롯된다. 하지만 세월이 흘러 주술이 종교로 변모할 즈음이 되면, 동물을 태워 죽이는 행위의 의미도 달라진다. 이때부터 동물은 인간의 죄를 대신해 죽어가기 시작한다. 이른바 희생양 제의다. 동물을 죽여 태우는 '번제燔祭'의 관습은 대부분의 문화권에 존재한다. 이 잔인한 관습은 예수가 인간의 죄를 대신하여 십자가에 달렸다는 기독교의 교리에까지 그 흔적을 남겨 놓았다.

메츠의 전설에서 열세 마리의 고양이는 홀연히 사라진 "특별한 고양이"를 대신하여 죽었다. 이는 중세 때부터 내려오는 동물 재판과 관련이 있다고 한다. 그 시절에는 동물도 재판을 받았다. 고양이 험담으로 유명한 설교자 베르톨트는 동물이라도 동성애를 했거나, 사람을 죽였을 때에는 재판을 받아야 한다고 말했다. 유죄판결이 내려지면 형벌은 하나, 사형뿐이었다. 당시 재판에서는 범죄자가 궐석이어도 형은 집행됐다고 한다. 이 경우 사라진 범인을 대신해서 그의 초상을 태웠다. 메츠의 이야기에서 열세 마리의 고양이가 홀연히 사라진 "특별한 고양이" 대신 죽어야 했던 것은 그 때문이다.

메츠의 이야기에서 고양이는 도시에 무도병을 가져온 존재로 여겨진다. 이는 요한축일에 벌어진 고양이 학살이 중세 말부터 행해진 마녀사냥과 연관되어 있음을 암시한다. 이 이야기에서 고양이는 마술적 힘으로 인간과 사회에 해를 끼치는 사악한 존재로 여겨지기 때문이다. 즉, 메츠의 불쌍한 고양이들은 사탄과 동맹한 사악한 종족의 대표로서 처형당한 것이다. 고양이사냥은 원래 요한축일과 관계가 없었을 것이다. 하지만 뭔가를 불에 태워 없앤다는 모티브의 유사성으로 인해 마녀사냥에 관련해 행해지던 고양이 화형이 16세기 이후 요한축일에 통합되어 제도화한 것으로 보인다.

벨기에의 이프르Ypres에서는 3년에 한 번 5월에 고양이 축제Kattenstoet가 열린다. 그날이 되면 고양이로 분장한 참가자들이 거대한 고양이 인형('고양이 여왕')을 앞세워 행진한 후, 도시의 높은 탑에 올라 아래로 고양이 인형을 내던진다. 그다음에는 광장에서 모의 마녀 화형식을 연다. 지금은 인형을 던지지만 과거에는 살아 있는 고양이를 떨어뜨렸다고 한다. 도시의 연대기에 따르면 이 행사는 1231년부터 예수승천대축일마다 행해졌다고 한다. 축제의 기원은 불투명하다. 다만, 이프르 지방에는 서기 956년까지 바스테트 신앙이 남아 있었다고 하니, 이와 관련이 없지는 않을 게다.

고양이를 처형한 것은 가톨릭교도만이 아니었다. 영국 역사가 존 스토(John Stow, 1525-1605)에 따르면 1554년 4월 8일 치프사이드Cheapside에서 가톨릭 사제처럼 사제복을 입고 머리를 깎은 고양이 한 마리가 손을 위로 올린 채 교수대에 목이 달린 모습으로 발견됐다고 한다. 이는 명백히 가톨릭교회에 대한 개신교도들의 조롱의 표현이었다. 그 일이 있었던 것은 메리 1세(Mary I, 1516-1558)가 개신교도들의 반란을 진압하고 영국국교회를 다시 로마가톨릭에 종속시킨 직후였다. 이 소식을 접한 여왕은 크게 분노하여 범인을 신고하는 자에게는 거액의 포상금을 주겠다고 발표했으나, 아무도 신고하는 이가 없었다고 한다.

　메스에서는 1750년 시의회에서 고양이 화형을 금지하는 법안이 통과된다. 벌금형에 처해지는 불법행위로 규정되었음에도 불구하고 이 관습은 한동안 계속되다가, 프랑스대혁명 이후에야 비로소 완전히 철폐된다.[31] 한편, 이프르에서는 고양이 던지기가 1817년까지 행해졌다고 한다. 당시에 그곳에 살던 아키비스트 장 자크 랑뱅이라는 이가 이 마지막 고양이 던지기를 목격했는데, 그의 증언에 따르면 이프르에서 내던져진 이 마지막 고양이는 그 높은 곳에서 떨어지고도 용케 살아남았다고 한다. 아가야, 어서 도망가렴. 멀리멀리 달아나서 다시는 잡히지 말거라.

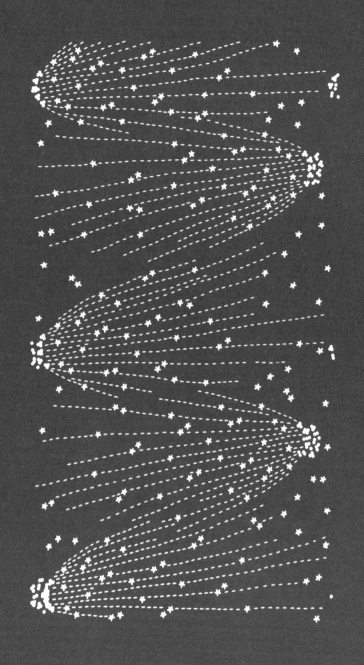

07

고양이 대학살과
동물 학대법 사이

로버트 단턴(Robert Darnton, 1939-)의 『고양이 대학살』
(1984)은 오늘날 미시사microhistory 연구의 중요한 업적으
로 꼽힌다. '미시사'란 1970년대에 등장한 역사학의 새로
운 흐름으로, 역사를 이해하기 위해 사회 전체의 장기적
변동에 주목하는 거시사macrohistory와 달리 큰 물음에 대
한 답을 개인이나 마을 등 작은 단위의 사소한 사건 분석
에서 찾으려 한다. 이 방법론에 따라 단턴 역시 '근대'라는
시기의 본질을 파악하기 위해 18세기 프랑스 문화 속에서
오늘날 우리 눈에는 기이하게만 보이는 사소한 일화들에
주목한다. 그중 하나가 바로 1730년대 파리의 어느 인쇄
소에서 일어난 참혹한 사건이다.

사건이 일어난 것은 파리 생 세브랭Saint-Séverin의 어느

인쇄소에서였다. 지금도 크게 다르지 않겠지만, 당시에 견습공들의 노동조건은 매우 가혹한 편이었다. 견습공은 하루 종일 숙련공의 부름에 이리저리 뛰어다니며 심부름을 하다가, 밤늦게 잠자리에 들어 난방 없는 찬방에서 잠시 눈을 붙였다가 첫 출근자들에게 문을 열어주기 위해 새벽 4-5시에 일어나야 했다. 장인과 숙련공들에게 일상적으로 모욕과 학대를 당하는 대가로 그들이 받은 것은 찌꺼기 같은 음식뿐이었다. 식재료를 몰래 빼돌려 팔아먹던 요리사는 견습공들에게 고양이도 받아먹지 않는 썩은 고기를 주었다고 한다.

이들의 삶을 더 힘들게 한 것은 고양이였다. 당시 인쇄소 주인들 사이에서는 고양이 기르는 게 유행이었다. 어떤 이는 스물다섯 마리나 기르며, 고양이들의 초상화까지 제작하고, 구운 닭고기를 주기도 했다. 생 세브랭 인쇄소의 마님도 고양이들을 길렀는데, 그중 '그리즈'라는 이름의 고양이를 각별히 사랑했다. 하지만 견습공 제롬과 레베이예에게는 이놈들만큼 골치 아픈 존재도 없었다. 침소의 지붕 위에서 밤마다 요란하게 울어대는 바람에 그 짧은 수면 시간마저 빼앗겼기 때문이다. 둘은 이 빌어먹을 상황에 종지부를 찍기로 결심하고는 묘안을 짜낸다.

레베이예는 주위 사람들의 목소리와 몸짓을 흉내 내는 데에 탁월한 재능이 있었다. 그의 연기는 완벽했는데, 이게 그가 인쇄소에서 익힌 진짜 재주였다. 고양이와 개 소리도 완벽히 흉내 냈다. 어느 날 그는 지붕에서 지붕을 뛰어넘어 주인과 주인마님의 침실 옆 낙수 홈통으로 다가가, 거기서부터 그들을 향해 고양이 울음소리를 퍼부어댔다. 그에게는 쉬운 일이었다. 지붕 수리공의 아들이라 고양이처럼 지붕을 탔기 때문이다. 기습은 성공적이어서 온 이웃이 잠을 이루지 못했다. …… 레베이예는 다음 날 밤에도, 그다음 날 밤에도 이 마녀의 연회를 연출했다. …… 주인과 마님은 더 이상 참을 수 없었고, 결국 "애들한테 얘기해서 저 나쁜 동물들을 제거하라고 해야겠다"라고 선언한다. 마님이 그들에게 명령을 내렸다. 다만, 그리즈만은 놀라게 하지 말라는 말을 남겼다.[32]

마님의 명령이 떨어지자 제롬과 레베이예는 숙련공들의 도움을 받아 즐겁게 작업에 착수한다. 이 사람은 인쇄봉, 저 사람은 건조실의 막대기, 다른 이들은 빗자루를 들고 보이는 대로 고양이들을 쫓아다닌다. 물론 고양이들이 밖으로 달아나지 못하도록 다락과 창고의 창문에 자루를 달아두는 것도 잊지 않았다.

레베이예와 동료 제롬이 축제 전체를 지휘했다. 둘은 각자 인쇄소의 철봉으로 무장했다. 그들이 제일 먼저 한 것은 마님의 고양이인 그리즈를 쫓는 것이었다. 레베이예가 그놈의 콩팥 부위를 빠르게 가격하고, 제롬이 최후의 일격을 가했다. 이어 레베이예가 사체를 낙수 홈통에 집어넣었다. 당연한 일이다. 살해 사실은 감추어져야 하니까. 옥상의 사람들이 공포 분위기를 조장하자, 패닉에 빠진 고양이들은 자루 속으로 몸을 던졌다. 몇 마리는 현장에서 죽고, 다른 놈들은 인쇄소 전체의 오락거리로 교수형을 선고받았다. …… 처형이 시작되었다. 그들은 형리와 경비병과 심지어 고해성사 담당자까지 뽑아 형을 집행했다.[33]

그 와중에 등장한 마님이 이 끔찍한 장면을 보고 비명을 지른다. 그녀는 이 "사악한 자들"이 그리즈까지 죽인 게 아닌가 의심하나, 직공들은 절대 그럴 리 없다고 안심시킨다. 마침 도착한 주인 역시 크게 분노하여 이 "악당들"을 나무라나, 그 역시 아무 손도 쓸 수 없었다. 주인 내외가 자리를 뜨자 인쇄공들은 제정신이 나갈 정도로 기뻐했다. 이 사건이 있은 후 직공들은 틈날 때마다 이 일을 다시 끄집어내 즐거워했다. 분위기를 주도한 것은 물론 레베이예였다. 탁월한 연기 능력으로 그는 그 후로도 스무 번 이상 이 사건의 장면들을 재연했다고 한다.

마녀사냥과 동물 재판 등 이 사건에는 중세 말부터 행해진 고양이 화형의 자취가 그대로 나타난다. 하지만 여기에 묘사된 사건은 과거의 것과는 사뭇 유형이 다른 고양이 학대다. 과거의 것이 제의 성격을 가진 공적 처형이었다면, 생 세브랭의 고양이 처형은 순수 오락 성격의 사적 처형이기 때문이다. 하지만 여기서 주목해야 할 것은 동물 학대를 대하는 사회 감성에 생긴 깊은 균열이다. 생각해보라. 직공들이 '부르주아'라 부른 인쇄소 주인들은 고양이 학살에 혐오감을 표한 반면, 인쇄소의 '노동계급'은 정반대로 거기에서 지고의 열락을 느끼지 않았던가.

흥미로운 것은 인쇄소의 안주인이 남편에게 한 말이다. "이 사악한 사람들이 주인을 죽일 수 없으니, 내 고양이를 죽였나 봐요." 부인은 인쇄소의 노동계급이 고양이에 가한 학대의 바탕에서 부르주아 계층에 대한 반감을 느낀다. 실은 그 잔인한 폭력이 은근히 자신들을 겨냥했음을 의식한 것이다. 마스터가 제 고양이를 잔혹하게 죽인 직공들에게 아무 손도 쓸 수 없었던 것도 그와 관련이 있어 보인다. 실제로 노동자들이 고양이를 죽이며 그토록 즐거워했던 것은, 그것을 자신들을 착취하고 학대하는 마스터에 대한 은밀한 반항으로 생각했기 때문이리라.

이 이야기로써 단턴이 말하고자 하는 바는 결국 동일한 관습이라도 시대적 맥락에서 의미가 달라진다는 것이다. 노르베르트 엘리아스라면 생 세브랭의 고양이 처형에서 아직 '문명화'되지 않은 인간들의 '비인간성'을 볼지 모르겠다. 하지만 생 세브랭의 고양이 학살이 그저 비인간적이기만 했던 것은 아니다. 거기에는 부르주아 가정의 고양이만큼의 대접이라도 받고 싶다는 노동계급의 열망이 표현되어 있기 때문이다. 자유와 평등을 향한 이 열망은 인간적인, 너무나 인간적인 것이다. 그들은 주인의 '고양이'가 아니라 '주인'의 고양이를 학살하는 것을 통해 인간성을 확인하고 싶었던 것이리라.

여기서 우리는 18세기 노동 계층이 고양이를 학대하는 사이에 부르주아 가정에서는 이미 고양이를 반려동물로 들였음을 알 수 있다. 사회학자 키스 토마스(Keith Thomas, 1933-)는 1500년대에서 1800년대에 이르는 시기 동안 동물을 대하는 영국 사회의 감성에 점진적 변화가 생겼다고 지적한다.[34] 그 변화는 물론 오래전부터 준비되어왔겠지만 결정적 전기를 맞는 것은 계몽 시대인 18세기로 보인다. 이 시기 유럽에는 존 오즈월드(John Oswald, 1730-1793)의 『자연의 절규 혹은 학대받는 동물을 위한 자비와 정의의 호소』(1791) 등 동물에 대한 도덕적 처우를 주장하는 철학 에세이들이 쏟아져 나오기 시작한다.[35]

계몽주의 사회 개혁가들은 대중을 상대로 동물 학대에 반대하는 설교와 홍보를 해왔다. 이때 이들에게는 두 가지 장애물이 있었다. 하나는 '인간으로 하여금 동물을 다스리게 하자'는 『구약성서』의 구절, 다른 하나는 '동물을 정교한 기계'로 규정한 데카르트(René Descartes, 1596-1650)의 합리주의 철학이었다. 동물에 대한 이 이중 편견에 맞서 개혁가들은 '동물에 대한 학대가 곧 인간에 대한 학대로 이어진다'는 논리를 폈다. 프랑스대혁명 이념도 거기에 한몫했다. '신 앞에서 모든 인간이 평등하다'는 논리는 쉽게 '신 앞에서 모든 피조물이 평등하다'는 논리로 연장될 수 있었기 때문이다.

동물 학대를 법적으로 금지한 것도 이즈음의 일이다. 1822년 '소 학대법'에 이어 1835년 영국 의회는 보호 범위를 모든 동물로 확대한 '동물 학대법'을 통과시킨다. 이 법안이 동물을 위한 것이었는지, 아니면 그저 심성이 거친 하층 계층을 통제하기 위한 생체공학의 일환이었는지는 아직 논란이 되고 있다.[36] 한 가지 확실한 것은 이 법이 겨냥한 것이 바로 도시 노동자 계층이었다는 점이다. 산업화·도시화가 진전되면서 농촌에서 올라온 노동자들을 섬세한 도시 생활에 맞게 '문명화'시켜야 했고, 그러려면 먼저 동물에 대한 이들의 정서와 행동부터 완화시켜야 한다는 것이다.

동물의 권리가 법적으로 인정된 후에도 고양이에게는 다른 동물과 달리 한 가지 문제가 더 남아 있었다. 그것은 바로 500년 동안 뒤집어썼던 '사탄'의 동물이라는 부정적 이미지다. 고양이에게서 이 억울한 누명을 벗겨준 것은 자연과학으로 보인다. 자연의 모든 현상을 철저히 물리적 인과관계로 설명하는 과학의 시대에 자연법칙을 초월한 힘을 가진 초자연적 존재가 있다는 '미신'은 더 이상 유지될 수 없었을 것이다. 그리하여 19세기에 이르면 대중의 의식 속에서도 고양이의 악마적 이미지는 점차 사라지기 시작한다. 수백 년 만에 고양이의 복권이 이루어진 셈이다.

1871년 런던의 수정궁에서 '캣 쇼'가 열린다. 말·소·개 등 다른 동물들의 전시회는 이미 오래전부터 열려왔지만, 고양이 전시회가 열린 것은 — 기록으로만 남아 있는 1598년 전시회를 제외하면 — 이번이 처음이었다. 이 전시회를 본 헨리 폴 부인은 고양이 화자가 되어 이렇게 적었다.

> 경멸, 혐오, 심지어 학대를 받던 시절은 이제 다행히 지나갔다. 사람들은 이제 수정궁에서 열린 우리 전시회에 대해 얘기한다. 우리 중에 잘 먹고 친절한 대접을 받는 고양이들은 우리가 반대자들이 잘못 생각하는 것처럼 사악하고 기만적인 존재가 아님을 보여주는 살아 있는 증거다.[37]

하지만 관습의 힘은 완고하여 이 시기에도 고양이의 부정적 이미지가 완전히 사라진 것은 아니다. 19세기 문학에서도 고양이들은 여전히 어딘지 음침한 존재로 묘사되곤 한다. 가령 에드거 앨런 포(Edgar Allan Poe, 1809-1849)의 「검은 고양이」(1843)를 생각해보라. 따라서 이 시기에 고양이에 대한 부르주아사회의 인식이 '호의적'으로 돌아섰다고 말할 수는 없다. 그저 부정적인 것에서 중립적인 것으로 변했다고 하는 게 정확할 것이다. 물론 부르주아 가정에서는 오래전부터 고양이를 받아들였다. 하지만 그들이 고양이 특유의 어두운 구석까지 좋아했던 것 같지는 않다. 그리하여

19세기에 고양이는 명확히 부르주아적이지 않았다. ……
그렇다고 노동계급적인 것도 아니었다. 고양이는 외려 보헤
미아, 즉 계급과 간접적으로만 관련된 사회적 공간과 연결되
었다.[38]

사실 수정궁의 캣 쇼를 찾은 부르주아들은 그저 고양이
를 개처럼 사랑했을 뿐이다. 고양이에 드리워진 어두운 이
미지를 그들은 품종 묘들의 화려한 외모로 슬쩍 지워버리
려 했다. 이 시기에 고양이를 '있는 그대로' 좋아한 이들은
정작 따로 있었다. 사회에 살면서도 자신을 그 안에 속하
지 않는다고 생각한 '보헤미안'이다. 모더니즘 문인과 예
술가들은 독립성·은밀성·이기성 등 이제까지 부정적으로
여겨온 고양이의 내면적 특성들 속에서 외려 다른 동물에
게는 없는 고양이만의 치명적 매력을 보았다.

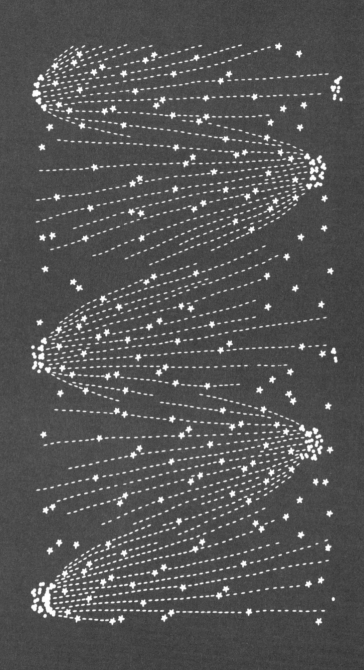

08

고양이,
시가 되다

유럽 지식층에서는 19세기 중반에 이르면 이미 고양이의 가치 전도가 완료된다. 이 시기에 고양이는 아예 문학예술과 동의어가 된다. 당시 저자들의 고양이 예찬을 듣노라면, 고양이 없이는 아예 문학도 불가능한 것처럼 느껴질 정도다. 시인 테오필 고티에(Théophile Gautier, 1811-1872)에게 고양이는 지식인의 이상적 동료였다. 혼자 조용히 제몸단장을 할 뿐 "남의 주의를 산만하게 하거나 귀찮게 하는 걸 두려워하는" 듯이 보이기 때문이다. 이들은 캣 쇼를 찾는 사람들처럼 고양이의 외모에 홀린 게 아니다. 고티에는 말한다. "그 누가 저 빛나는 눈 뒤에 영혼이 없다고 믿을 수 있겠는가"[39]

이 시기 고양이는 글자 그대로 시인들의 '솔 메이트'

였다. 예를 들어 시인 스테판 말라르메(Stéphane Mallarmé, 1842-1898) 곁에는 "블랑쉬라 불리는 여인"이 있었다. 그 여인의 정체는 "예쁜 집고양이"였다. 블랑쉬는 고독한 시인의 곁을 지켜줬던 모양이다. "그녀는 내가 글을 쓰는 동안 책상 위를 어슬렁거리며 꼬리를 가볍게 흔들어 내가 쓴 글의 행들을 쓸어낸다."[40] 광경이 눈에 그려지지 않는가? 말라르메 역시 블랑쉬와 깊은 영적 교감을 나눴다. 그는 이 하얀 고양이 속에서 "하나의 영혼"을 본다. 부인을 떠나보낸 후의 감상을 담은 그의 산문 「가을 비탄」은 이렇게 시작된다.

마리가 나를 떠나 다른 별로 간 이후 — 어느 별일까, 오리온, 알타이르, 아니면 푸른 금성? — 나는 언제나 고독을 간직해왔다. 얼마나 긴 여정을 내 고양이와 함께 혼자 걸어왔던가. 여기서 '혼자'라는 말은 '물질적 존재'라는 뜻이다. 내 고양이는 신비한 동반자, 하나의 영혼이다.[41]

보들레르(Charles Pierre Baudelaire, 1821-1867) 역시 스스로 '고양이 시인'이라 칭할 정도로 열렬한 고양이 예찬자였다. 그에게 고양이는 생활의 동반자 이상의 존재였다. '고

양이 시인'답게 그는 자신의 『악의 꽃』(1857)에 '고양이'
라는 제목으로 모두 세 편의 시를 실었다. 그중 하나를 꺼
내보자.

> 내 머릿속에는
> 마치 제집을 거닐 듯
> 강하고, 부드럽고, 매력적인 예쁜 고양이가 산책을 한다.
> 울어도 그 소리는 거의 들리지 않는다.[42]

  여기서 '고양이'는 현실의 동물보다는 차라리 가상의 존
재에 가깝다. 머릿속에만 들어 있어 울음소리를 거의 들을
수 없기 때문이다. 한마디로, 이 시의 고양이는 끝없이 시
적 영감을 불어넣어 주는 뮤즈다.[43] 그 고양이는 "가장 긴
문장을 말하는 데에도 굳이 말을 필요로 하지 않는다." 그
말 없는 '고양이의 목소리'를, 보들레르는 자신이 듣고 있
다고 믿는다. 그의 시는 이 말 없는 고양이의 목소리를 받
아 적은 것이다.

  19세기 문학은 이 밖에도 수많은 문인의 고양이 예찬으
로 가득 차 있다. 예찬 수준도 거의 교회의 찬송가를 방불
케 할 정도다. 대체 그들은 고양이의 어떤 점에 그토록 마

음이 사로잡힌 걸까? 샤토브리앙 남작(François Auguste René de Chateaubriand, 1768-1848)은 이렇게 설명한다.

> 내가 고양이에게서 좋아하는 것은 그 성격이다. 독립적이고 거의 냉정해서 그 누구에게도 애착을 갖지 않는다. ……고양이는 홀로 살며, 사회라는 것을 필요로 하지 않으며, 자신이 원할 때 외에는 결코 복종하지 않는다.[44]

흥미로운 것은 19세기 문인을 사로잡은 특성들이 하필 과거에 고양이에게 부정적 이미지를 부여했던 바로 그 속성이라는 점이다. 어느 시점에선가 이미지의 '가치 전도'가 일어난 것이다. 샤토브리앙 이후로도 수많은 저자가 고양이의 자율성을 예찬하는 글을 남겼다. 이탈리아 시인 델리오 테사(Delio Tessa, 1886-1939)는 '고양이 주인'이라는 말을 '고양이의 친구'로 대체하자고 제안한다. "주인이라니, 당치도 않은 소리! 고양이는 주인을 모른다. 그저 우정만 알 뿐이다."

다음은 에세이스트 엘리엇 와인버거(Eliot Weinberger, 1949-)가 전하는 이야기다. 그는 이를 앙드레 말로(André Georges Malraux, 1901-1976)에게 직접 들었다고 한다.

2월의 어느 춥고 비 오는 날 밤 파리에서 여위고 비에 젖은 길고양이 한 마리가 거리를 헤매다가 우연히 말라르메의 집 안을 들여다본다. 그 안에는 하얗고 살찌고 털이 복슬복슬한 고양이가 불가의 푹신한 의자에 누워 졸고 있었다. 창문을 두드렸다. "헤이 친구, 형제들은 길 밖에서 배를 곯는데 너만 어떻게 사치를 누리며 그렇게 팔자 좋게 잘 수가 있니?" "별거 아냐, 친구." 블랑쉬가 대답했다. "난 그저 말라르메의 고양이인 척하고 있을 뿐이야."[45]

고양이의 자율성을 얼마나 강조했던지 고양이가 심지어 자살한다고 믿은 이도 있었다. 프랑스 시인 카튈 망데스(Catulle Mendès, 1841-1909)에게는 '밈'이라는 이름의 고양이가 있었다. '밈'은 매우 아름다웠지만, 너무 심한 냄새를 풍기는 바람에 중성화시킬 수밖에 없었다. 수술을 받고 돌아온 밈은 깊은 우울증에 빠져버렸다. 당시 망데스는 5층에 살고 있었는데, 밈은 창밖의 좁은 난간 위를 걷는 버릇이 있었다. 어느 날 밈은 난간을 걷다가 "의도적으로" 도로로 뛰어내렸고, 결국 척추가 부러져 죽고 만다. 망데스는 이렇게 말한다. "나는 밈이 자살을 했다는 분명한 인상을 받았다."[46]

또 다른 고양이 자살은 이와는 성격이 사뭇 다르다. 1865년 파리 동물보호협회는 회보에 '주인을 향한 고양이의 각별한 애착'이라는 제목의 기사를 싣는다. 한 남자가 자살을 하자 그의 고양이도 뒤를 따랐다는 내용이다. 이 소식을 전하며 기사는 이렇게 덧붙인다. "고양이는 [주인을] 사랑하지 않는다. 하지만 일단 고양이로부터 애정을 획득하면, 물론 그게 쉽지는 않지만, 고양이도 주인에게 열정적으로 애착을 느껴 때로 주인을 잃은 슬픔으로 인해 죽기도 한다."[47] 한마디로, 모든 고양이는 아니더라도 일부 고양이는 이따금 개 못지않게 인간에게 애착을 갖는다는 것이다.

이 두 일화는 당시 프랑스 사회에서 고양이에 대한 관념이 둘로 분열되어 있었음을 보여준다. 첫 번째 고양이는 제 독립성·자율성·자존감의 상실 때문에 몸을 던졌다. 반면 두 번째 고양이는 주인에 대한 복속·충성·애착으로 인해 목숨을 끊는다. 사실 이는 고양이보다 개에게서 전형적으로 나타나는 특징이다. 기사의 메시지는 분명하다. '항상은 아니지만 고양이도 때로 개 못지않게 충직하다.' 한마디로 고양이를 복권시키려고 졸지에 개로 만들어버린 것이다. 문학 엘리트들과 달리 19세기 민중들은 고양이성을 여전히 부정적으로 보고 있었다는 얘기다.

19세기의 열렬한 고양이 예찬은 결국 문인·예술가 등 소수 지식층에 국한된 국지적 현상이었던 셈이다. 그렇다면 이 시대 지식인들은 왜 그토록 고양이성을 예찬한 걸까? 물론 그 안에서 자기 모습을 보았기 때문이리라. 가령 고양이는 늘 혼자 있기를 좋아한다. 19세기 초기 모더니스트들 역시 개인주의를 최고의 덕목으로 쳤다. 고양이는 인간이 부과한 규칙을 절대로 따르지 않는다. 모더니스트들 역시 부르주아사회가 부과하는 일체의 의무나 제약을 거부하려 했다. 지구상 동물 중에서 모더니스트를 닮은 게 무엇이겠는가? 당연히 고양이일 것이다.

극도로 독립적인 고양이의 생활은 당시 지식인들이 지향하는 실존의 미학이기도 했다. 책임지지 않는 섹스의 유토피아를 꿈꾸는 그들에게는 아마 고양이의 분방한 성생활마저도 삶의 이상으로 여겨졌을 것이다. 현대사회가 부과하는 억압을 거부하는 분방한 자유주의. 거추장스러운 인간관계에 구속되지 않는 철저한 개인주의. 자기 행동의 이유를 오직 제 안에서만 찾는 확고한 실존주의. 가족이든 사회든 국가든, 뭔가에 속하는 것 자체를 모욕으로 느끼는 극한적 자율주의.[48] "이 모더니즘의 신화는, 장 폴

사르트르가 지적하듯이, 고양이에서 그 동물적 대응물을 찾았다."[49]

모더니스트들이 추구한 고양이성의 본질은 무엇일까? 어쩌면 작가이자 평론가 샹플뢰리(Champfleury, 1821-1889)의 말 속에 답이 들었는지도 모른다. "고양이를 이해하려면 여성이나 시인이 되어야 한다."[50] 한마디로 고양이성의 본질은 요즘 철학자들이 '타자성altérité'이라 부르는 데에 있다. 고양이는 인간 사회로 들어오고도 완전히 동화하지 못하는 아웃사이더다. 여성 역시 남성이 지배하는 사회에 온전히 속하지 못하는 아웃사이더로 살아왔다. 19세기 시인들 역시 부르주아사회에 살면서 그 사회에 속하기를 스스로 거부하는 정신적 아웃사이더를 자처했다.

주류에 속한 자들은 타자를 이해하지 못한다. 스위스 작가 로베르트 발저(Robert Walser, 1878-1956)의 말이다. "우리는 고양이를 알면서 알지 못한다. 고양이를 설명하려 드는 이는 곧바로 뚫고 들어갈 수 없는 물음 앞에 서게 될 것이다."[51] 어디서 많이 들어본 소리다. 이는 오랫동안 남성이 여성에 대해 해왔던 얘기와 너무나 비슷하다. '우리는 여성을 알면서 알지 못한다. 여성을 설명하려 드는 이는 곧바로 뚫고 들어갈 수 없는 물음 앞에 서게 되리라.' 여성도 고양이처럼 알 듯 모를 듯한 존재였다. 여성과 고양이가 역사적으로도 운명을 함께해온 것은 그 때문이리라.

고대에 여성–고양이의 조합은 '신성神聖'의 상징이었다. 중세 말·근대 초에 이르러 그 조합은 거꾸로 '사탄의 동맹'으로 전락한다. 이 둘의 존재 방식이 교회 안에 있으면서 동시에 교회 밖에 있는 '이단'을 연상시켰기 때문이다. 19세기에 들어와 이 조합은 다시 긍정적인 것으로 변화한다. 이제 여성과 고양이는 '시'가 되고, '예술'이 된다. 현대 예술은 고양이를 닮았다. 알면서도 알 수 없는 고양이처럼, 시와 예술을 설명하려 드는 이는 곧바로 "뚫고 들어갈 수 없는 물음"과 마주치게 된다. 그리하여 미학자 아도르노(Theodor Wiesengrund Adorno, 1903–1969)는 현대 예술 자체를 아예 '수수께끼'로 규정했다. "수수께끼를 푼다는 것은 곧 그 수수께끼가 왜 풀릴 수 없는지 밝히는 것을 의미한다."52 현대의 문학과 예술이 고양이의 미메시스(모방)에서 탄생했다고 한다면 물론 과장일 것이나, 그리 큰 과장은 아닐 것이다.

예술가들은 시대를 앞서간다. 그래서 '아방가르드'라고 하는 것이다. 대중은 언젠가 예술의 전위들이 걸은 길을 따라 걷기 마련이다. 그리하여 19세기의 소수 엘리트들의 실존 미학은 오늘날 어느새 대중의 것이 되었다. 위계질서를 강조하는 사회가 바라는 인간상은 역시 '개-인간dog person'이다. 보수적인 사회에서 까칠한 '고양이-인간cat person'은 환영받지 못한다. 하지만 사회가 민주화하고 사람들이 자율화하면서 고양이와 고양이-인간을 바라보는 시선도 바뀐다. 최근 세계적으로 고양이를 기르는 인구가 크게 늘어난 데에는 이 인식의 변화도 한몫했을 것이다. 하지만

　　너희가 확실히 알아둬야 할 게 있다. 고양이는 다른 동물처럼 너희 만족을 위해서 사는 것도, 너희의 숭배를 받으려 사는 것도 아니라는 사실이다. 고양이는 저 혼자 자신만을 위해 살아가며, 그저 제 기분만을 따를 뿐이다. 고양이가 너희에게 신경을 써주는 것은 오직 너희가 원하는 것을 자기가 하고 싶을 때에 한해서이다.[53]

너무 이기적이라고? 그래도 '까도냥'은 '쿨'하다.

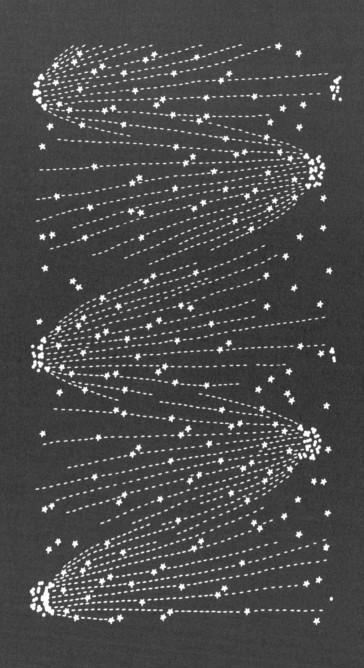

09

우리나라에 고양이는
언제 처음
들어왔을까

우리나라에 고양이가 언제 전해졌는지는 알려져 있지
않다. 이 땅에 고양이가 존재했다는 최초의 증거는 5-6세
기경의 가야토기 속에서 찾을 수 있다. 쥐들이 사다리를
오르내리는 동안 고양이가 지붕에서 은밀히 내려다보는
모습이다. 국립중앙박물관에는 원작과 재현이 함께 전시
되어 있는데, 그 모습이 앙증맞기 짝이 없다. 가야인들도
고양이를 '쥐잡이'로 여긴 모양이다. 또 다른 증거는 9세
기경 경주 월성 동남쪽 신라 왕궁 주변의 우물 속에서 발
견된 고양이 뼈다. 한 우물에서 여섯 마리의 뼈가 나왔다
니, 실수로 빠져 죽은 것은 아닐 테고 아마 제물로 바쳐졌
을 것이다.

　고양이는 한반도에 어떻게 들어왔을까? 듣자 하니 중국

에서 불교 경전을 들여올 때 경전을 갉아 먹는 쥐를 잡기 위해 고양이를 함께 들여왔다는 게 '정설'이라고 한다. 그렇다면 한반도에서 고양이의 역사는 고구려에 불교가 전해진 서기 372년 이전으로 거슬러 올라가지는 않는 셈이다. 하지만 이 주장의 근거를 문헌으로 확인할 수는 없다. 그 가설은 그저 학자들의 막연한 추측으로 보인다. 다만 고양이가 중국에서 들어왔다는 가설은 사실일 가능성이 크다. 왜냐하면 그 시절 중국은 이집트와 더불어 집고양이의 가축화가 이루어진 최초의 지역으로 알려져 있기 때문이다.

최초의 전설에서 고양이의 이미지는 나쁘지 않다. 전주 미륵사에서 약 1킬로미터쯤 떨어진 곳에 괴무덤이 있다고 한다. 불교의 기세가 등등하던 시절, 그곳 승려들의 행패가 하늘을 찔렀다고 한다. 참다못한 한 백성이 미륵사의 터가 쥐 형상을 닮은 데에 착안하여, 미륵사를 감싼 산어귀에 그 상극인 고양이 형상을 만들어 묻었다. 그랬더니 절이 시름시름 기울다가 망하고, 승려들의 행패도 사라졌다고 한다. 다른 버전에서는 절의 주지가 늙은 쥐[老鼠]였다고도 하고, 백성이 묻은 게 늙은 고양이라고도 한다. 아무튼 최초의 전설에서 고양이는 '벽사闢邪'의 기능을 한다.

고려 문신 이규보(李奎報, 1168-1241)의 시「검은 고양이 새끼를 얻고서[得黑猫兒]」에는 인간과 고양이의 첫 만남이 잘 표현되어 있다. 옛날에는 '냥줍'을 뭐라 불렀을까? 얻을 '득得' 자를 써서 득묘아? 아니면 주울 '습拾' 자를 써서 습묘아? 제목은 고양이를 얻었다고 되어 있지만, "꼬리를 살랑이며 점차 길들여지네"라는 구절을 보면 길고양이를 주워다 길들인 것처럼 보이기도 한다.

　　　검은 고양이 새끼를 얻고서

　　　보송보송한 털은 푸른색을 띠고
　　　동글동글한 눈은 짙은 초록이라
　　　생김새는 범 새끼 견줄 만하고
　　　우는 소리에 벌써 강아지 겁먹네
　　　붉은 실로 목줄을 매어주고
　　　참새고기 먹이며 키웠더니
　　　처음엔 뛰어올라 발톱을 세우다가
　　　꼬리를 살랑이며 점차 길들여지네
　　　내 예전에 살림이 가난한 것만 믿고
　　　중년까지 너를 기르지 않았더니

쥐 떼가 제멋대로 날뛰어서

날카로운 이빨로 집에 구멍 뚫었네

……

네가 우리 집에 있은 뒤로는

쥐들이 이미 기를 펴지 못하니

어찌 담장만 온전할 뿐이랴

됫박 양식도 보전할 수 있으리

너에게 권하노니 공밥만 먹지 말고

힘껏 노력하여 이놈들을 섬멸하라[54]

'새끼냥'을 키우는 기쁨과 고양이에 대한 기대로 목소리가 들떠 있다. 하지만 그 마음도 오래가지는 못한 모양이다. 얼마 후 그는 이런 시를 남겼다.

고양이를 꾸짖다[責猫]

감춰둔 내 고기 훔쳐 배를 채우고

이불 속에 잘도 들어와 고르릉대는구나

쥐 떼가 날뛰는 게 누구의 책임이냐

밤낮을 가리지 않고 버젓이 횡행하네[55]

아무리 "공밥만 먹지 말고 이놈들을 섬멸하라"라고 한들, 어디 고양이가 사람 말을 듣던가? 결국 그 역시 우리와 다르지 않게 씁쓸한 진리를 깨닫게 된다. '산은 산이요, 물은 물이요, 고양이는 고양이로다.'

조선 전기의 문신 서거정(徐居正, 1420~1488) 역시 고양이를 소재로 시를 남겼다. 그는 자기 고양이를 '오원자烏圓子'라 불렀는데, 내가 아는 한 이게 우리 역사에 기록된 가장 오래된 고양이 이름이다. 오원자는 이규보의 고양이와 달리 쥐를 잘 잡았던 모양이다. 시는 정유년 하짓날 밤에 일어난 조그만 사건을 다루고 있다. 그의 집에는 마침 알에서 깬 병아리들이 있는데, 어둠 속 부스럭거리는 소리에 오원자가 병아리를 잡아먹는 걸로 오해하고, 지팡이를 휘둘러 "대번에 쳐서 가루를 내고 말리라"라고 외친다. 하지만 알고 보니 오원자가 쥐를 잡는 소리였다. 그는 땅을 치며 반성한다.

오원자부烏圓子賦

이때엔 비록 높은 녹봉의 후작에 봉하여
날마다 고관의 성찬으로 먹인다 해도

그 공덕을 보상하기엔 부족할 터인데

　어이해 한 생각을 신중히 하지 못하여

　어지러이 이런 의혹을 가졌단 말인가

　너는 정직함 때문에 해를 당할 뻔했고

　나는 의혹으로 너를 잘못 죽일 뻔했구나[56]

　우리 역사에서 고양이의 이미지는 대체로 긍정적이다. 조선 제7대 임금 세조(1417-1468)가 예불을 드리러 상원사에 들렀을 때, 법당 안으로 들어가는 순간 난데없이 고양이가 나타나 그의 곤룡포를 물고 놔주지를 않았다. 이를 이상히 여긴 세조가 병사를 풀어 법당 안을 수색하게 했더니, 불상을 모신 수미단 아래에 칼을 품은 자객이 있었다고 한다. 그를 잡아 처형한 후, 세조는 상원사에 묘전貓田을 하사하여 그로써 고양이를 돌보게 하였고, 전국에 고양이를 죽이지 말라는 명을 내린다. 아직도 상원사에 가면 이 일을 기념하여 만든 한 쌍의 고양이 석상을 볼 수 있다.

　비슷한 일이 또 있었다. 연산군의 후궁이 된 나주 골 처녀의 아비가 기세등등하여 행패가 이루 말할 수 없었다. 눌재訥齋 박상(朴祥, 1474-1530)이 이를 알고 전라도부사를 자원하여 그곳으로 내려가 부임 인사를 안 왔다는 트집을 잡아 아비인 우부리를 곤장으로 쳐 죽인다. 이어 폭군 앞에 당당히 우부리의 죄상을 밝히려 한양으로 향한다. 입암산 갈림길에 다다랐을 때 별안간 들고양이 한 마리가 나타나 요란히 울며 바짓가랑이를 물어 챘다. 이상히 여겨 그 뒤를 밟은 덕에 사약을 들고 그곳을 지나던 금부도사와 길이 엇갈렸고, 얼마 후 중종반종이 일어나 목숨을 건졌다고 한다.

'출전'을 찾아도 나오지 않는 것으로 보아 이 이야기들은 글로 기록된 '역사'라기보다는 말로 전해지는 '설화'로 보인다. 역사 속 고양이에 관한 기록을 보려면, 역시 『조선왕조실록』을 뒤져야 한다. '고양이'라는 표제로 검색을 하니 모두 92개의 기록이 나온다. 그중 지명[高陽]과 인명[高洋]을 제외하면, 실제로 고양이와 관련된 기록은 88개다. 그중 상당수는 실제 고양이에 관한 기록이 아니라, "고양이를 기르는 집에는 쥐가 함부로 다니지 않는다", "고양이가 쥐를 못 잡으면 무슨 소용 있는가", "고양이를 쥐로 바꾸는 격이다" 등 고양이를 사용한 비유나 속담이다.

나머지 기사들은 몇 가지 부류로 나뉜다. 먼저 반려동물로서 고양이의 기록. 태종 17년(1417)에 세자가 신효창의 집에 금빛 고양이가 있다는 말을 듣고 달라고 하나, 신효

창이 탁신을 통해 그 청을 완곡히 거절했다. 탁신이 서연관을 통해 "이 물건이 비록 응견鷹犬에 비교할 것은 아니나 구경하고 좋아할 수 없는 것이고, 또 재상의 집에 청구할 수 있는 것이 아닙니다"라고 아뢨더니, 세자가 "사람들이 항상 말하기를, '금빛 나는 고양이는 수놈이 적다'고 하기에, 보고 돌려보내려고 한 것이다"라고 대답한다.(『태종실록』34권) 세자의 볼멘소리가 들리는 듯하다. '누가 달랬냐? 그냥 보여달랬지.'

임진왜란 직후인 선조 33년(1600) 명나라 제독 이승훈이 진중에서 자신의 고양이 '묘유격猫遊擊'을 잃어버렸으니 찾아달라는 게첩揭帖을 올린다. 지방 관헌이 백성을 동원하여 백방으로 찾지만 고양이는 끝내 발견되지 않았다. 임금도 이미 두 번이나 전교를 내렸는데, 제독은 계속 찾아달라고 떼쓴 모양이다. 이에 임금은 "접반사는 맡은 소임이 무엇이길래 이러한 일도 잘 살펴서 조처하지 못하고 대인으로 하여금 게첩까지 하게 한단 말인가"라고 꾸짖는다.(『선조실록』128권) 임금에게 감히 고양이를 찾아달라니, 명군의 위세가 대단했던 모양이다.

역사에 기록된 최초의 동물 보호론자는 조선 제21대 임금 영조(1694-1776)일 것이다. 영조 13년(1737) 약방에서 임금을 검진한 후 고양이 가죽이 팔 아픈 데 좋다며 임금에게 써보자고 한다. 이에 임금이 이르기를, "내 일찍이 여러 마리의 고양이가 궁궐 담장 사이를 왕래하는 것을 보았는데 차마 그 가죽으로 병을 치료하는 데 쓰지는 못하겠으니, 이 역시 포주庖廚를 멀리하는 마음이다"라고 하였다. '포주'란 오늘날 우리가 사용하는 '푸주'의 원말이라 하니, 결국 고양이들을 도살할 마음이 없다는 얘기다.(『영조실록』44권) 이렇게 여린 이가 어떻게 훗날 제 아들을 뒤주에서 죽게 할 수 있었을까?

두 번째는 기형 고양이에 관한 기록이다. 인조 27년(1649) "경상도 흥해군에서 고양이가 한 몸통에 머리가 둘인 새끼를 낳았다."(『인조실록』50권) 효종 6년(1655) "경기 가평군에서 고양이가 새끼를 낳았는데, 머리 하나에 몸이 둘이고 꼬리가 둘이며 앞다리가 둘이고 뒷다리가 넷이며 또 다리 하나가 두 등 사이에 거꾸로 나와 있었다."(『효종실록』14권) 숙종 4년(1678) "홍천 땅에서 고양이가 새끼를 낳았는데, 한 개의 머리에 두 개의 몸통이었고 여덟 개의 발에 두 개의 꼬리가 있었다."(『숙종실록』7권) 당시에는 흰 동물[알비노]의 탄생은 상서로운 반면, 기형 동물의 탄생은 상서롭지 못한 징조로 여겼다.

또 하나는 고양이 사체를 이용한 흑마술의 기록인데, 특히 광해군 시절에 집중적으로 나타난다. 광해 5년(1613) 김응벽에게 "목릉에다 산 고양이를 묻고 흉측한 짓을 한 절차"를 문초했다는 기록이 있다.(『광해군일기』 67권) 7년(1615)에는 "최 상궁이 고양이와 큰 수탉을 사서 서비로 하여금 해가 뜰 때 진주와 부적을 먹여 고양이에게 몰아 죽였으며, 나인 환이는 또 누런 고양이의 눈에 바늘을 꽂아 굴뚝에 넣었다고 한다".(『광해군일기』 87권) 물론 가혹한 고문을 통해 짜낸 자백이니, 역모로 엮인 이들이 고양이 사체를 왕릉과 전각에 묻어 왕실을 저주했다는 얘기를 글자 그대로 믿을 수는 없을 것이다.

고양이에 관한 기록은 실록 밖에도 존재한다. 이익(李瀷, 1681-1763)의 『성호사설』에는 조선 최고의 애묘가에 관한 얘기가 나온다. 바로 조선 제19대 임금 숙종(1661-1720)이다. 그는 노란 털의 고양이를 좋아해 금손金孫이라는 이름도 지어주고, 손수 수라상에 오른 고기를 먹였다고 한다. 아버지 현종(1641-1674)의 능에서 주워 온 고양이라 제 아비의 영혼처럼 여겼기 때문이다. 숙종이 승하하자 금손은 식음을 전폐하고 통곡하다가 스스로 굶어 죽는다. (이 고양이 자살 기록은 프랑스 것보다 무려 140여 년이 앞선다.) 문신 김시

민(金時敏, 1681-1747)은 이 장면을 이렇게 묘사한다.

금묘가金猫歌

궁궐 분위기 이전과는 다른 것 알고

고양이, 문에 들어서자마자 슬퍼하며 위축되었네

사람들은 어찌하여 알아채지 못했나

밥에 이미 마음 없거늘 고기인들 먹으랴

경황없이 달려가 빈전 뜰에서 곡하며

우러러 빈전 향해 몸을 굽혔네

그 소리 너무 서글퍼 차마 들을 수 없으니

보는 사람 사람마다 눈물 절로 떨구었네

스무 날 곡만 하다 결국에는 죽으니

피골이 상접하고 털이 다 거칠어져 참혹한 모습이었네[57]

이어서 김시민은 서를 편찬하는 사람들을 향해 금묘의 일을 특별히 실록에 기록해달라고 부탁한다. 하지만 금손의 이야기는 끝내 실록에 실리지 못했다. 이익은 이 사건을 이렇게 논평했다.

대저 '개와 말도 주인을 생각한다'는 말은 옛적부터 있지만, 고양이란 성질이 매우 사나운 것이므로, 비록 여러 해를 길들여 친하게 만들었다 해도, 하루 아침만 제 비위에 틀리면 갑자기 주인도 아는 체하지 않고 가버리는 것이다. 그런데 이 금묘 같은 사실은 도화견에 비하면 더욱 이상하다.[58]

조선 제17대 임금 효종(1619-1659)의 둘째 딸 숙명공주(1640-1699) 역시 애묘가로 유명하다. 시집을 가서도 늘 고양이를 끼고 산다며, 아비가 딸을 책망하며 보낸 한글 편지가 아직 남아 있다. "너는 시집에 가 [정성을] 바친다고는 하거니와 어찌 고양이는 품고 있느냐? 행여 감기나 걸렸거든 약이나 하여 먹어라." 남편과 잠자리를 더 자주 하라는 얘기일까?

기록을 훑어보면 조선 시대에 들어와 고양이를 보는 시각에 작은 변화가 생긴 것을 감지할 수 있다. 고려의 이규보나 조선 전기의 서거정은 고양이를 '쥐잡이'로 여겨 쥐를 안 잡는 고양이는 존재 가치가 없다고 본다. 심지어 쥐를 안 잡고 병아리나 해치는 고양이는 죽여야 한다고 본다. 반면 제17대 임금 효종의 딸 숙명공주나 제19대 임금 숙종은 고양이를 '반려자'로 여겼음에 틀림없다. 제21대 임금 영조는 실용적 목적에서 고양이를 죽이는 데에 반대한다. "내 일찍이 여러 마리의 고양이가 궁궐 담장 사이를 왕래하는 것을 보았는데 차마……" 고양이를 교감의 상대로 본 것이다.

마지막으로 이익의 『성호사설』에 나오는 「도둑고양이」라는 글을 인용하자. 쥐가 없던 자기 집에서는 음식이나 훔쳐 먹어 '도둑고양이' 취급을 받던 놈이 쥐가 많은 다른 집에 가서는 좋은 대접을 받더니 쥐를 잘 잡는 훌륭한 고양이가 됐단다. 그는 이를 보고 탄식을 하며 그동안 자신이 길고양이를 대해온 태도를 통렬히 반성한다.

나는 그 타고난 본성은 알지 못하면서 그것을 도둑고양이로 대했다. 하지만 이 고양이가 그때 형편으로는 도둑질을 하지 않을 수 없었다. 안 그러면 살 길이 없었기 때문이다. ……그 고양이는 좋은 주인을 만나고 나서야 자기의 본성을 드러내고 자기의 능력을 발휘할 수 있었다. 만약 저번에 도둑질하고 다닐 적에 잡아 죽여버렸더라면 어찌 애석한 일이 아니었겠는가? 아! 사람으로 말하면, 인정받는 사람이 있고 불우한 사람이 있는데, 동물도 그렇구나.[59]

『성호사설』에 실린 다른 글들도 주목할 만하다. 거기서 우리는 조선 최초로 동물 권리와 생명 존중 사상이 움트는 현장을 본다.

　　백성은 나의 동포이고 만물은 나의 동반자이다. 초목은 지각이 없어 피와 살을 가진 동물과 구별되니, 그것을 먹고 살아도 괜찮다. 하지만 동물로 말하면, 살기를 원하고 죽기를 싫어하는 마음이 사람과 똑같은데 또 어찌 차마 해칠 수 있겠는가?[60]

　일찍이 고려의 문인 이규보는 「슬견설」에서 '벼룩을 잡는 게 정당하면 개를 잡는 것도 정당하다'는 논리를 폈다. 이익은 거꾸로 나아간다. 상진이라는 이가 외아들을 잃고, '이게 다 평안감사로 있을 적에 백성에게 파리를 잡게 시킨 것에 대한 앙갚음이 아닌가' 탄식했단다. 이 얘기를 전하며 그는 "꼭 그렇다고는 할 수 없겠지만", 적어도 이 일이 "군자가 만물을 사랑해야 한다는 경계가 될 수 있다"라고 논평한다. 파리의 목숨조차 가벼이 하지 말라는 얘기다. 여기서 우리는 생명에 대한 완전히 새로운 감성을 본다.

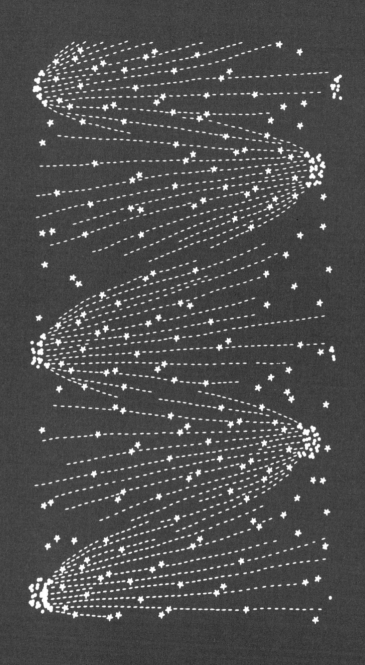

10

일본의 고양이,
요괴에서
마네키네코로

‘일본 고양이’라고 하면 무엇보다도 ‘마네키네코招き猫’
가 떠오를 것이다. 길바닥에 널린 일식당이나 일본식 선
술집 앞에는 어김없이 이놈이 서 있기 때문이다. ‘어서 오
세요. 들어와서 한잔하고 가세요.’ 피곤한 몸을 이끌고 귀
가하는 길에 요염한 미소를 흘리며 유혹하는 요놈의 손길
을 뿌리치기란 쉽지 않은 일이다. 자세히 보면 마네키네코
중에는 왼손을 든 놈과 오른손을 든 놈이 있음을 알 수 있
다. 흔히 왼손을 든 놈은 손님을 부르고, 오른손을 든 놈은
재물을 부른다고 한다. 하지만 의미가 명확히 고정된 것은
아니어서 시대와 지방마다 해석이 천차만별이라고 한다.
　일본에서는 예로부터 고양이를 행운의 상징으로 여긴
반면, 한국에서는 고양이를 다소 불길하게 보았다고 말하

곤 한다. 하지만 속설과 달리 한국의 옛 문헌 속에 묘사된 고양이의 이미지는 대체로 긍정적이다. 전래 동화「개와 고양이와 구슬」에서도 고양이는 할머니를 돕는 착한 존재로 나타난다. 이 작품은 세계문학사에서 매우 중요한 의미를 갖는다. 문학사상 최초로 고양이-인간과 개-인간의 갈등을 묘사했기 때문이다. '입에 구슬 문 거 뻔히 알면서 왜 자꾸 물어봐?' 개-인간들과 더불어 살아가며 고양이-인간은 종종 이와 비슷하게 짜증 나는 일을 겪는다.

일본에서 고양이가 긍정적 이미지로 받아들여진 것은 비교적 최근의 일이다. 오래된 일본의 민담이나 전설이나 판화 속에서 고양이는 주로 '요괴'로 묘사되기 때문이다. 일본의 요물 고양이에는 크게 두 종류가 있다. 하나는 '바케네코化け猫'라는 변신 고양이이고, 다른 하나는 '네코마타猫又'라는 괴물 고양이다. 바케네코가 요괴로 변신하는 집고양이라면, 네코마타는 베어울프처럼 산에 살다가 지나가는 인간을 잡아먹는 거대한 산고양이다. 하지만 네코마타 중에는 집에 사는 놈도 있고, 인간으로 변신할 수도 있기에 둘의 구별이 늘 뚜렷한 것은 아니라고 한다.

바케네코 전설 중 가장 유명한 것은 에도江戶 초기 사가번佐賀藩의 영주 나베시마 미쓰시게(鍋島光茂, 1632-1700)의

성에서 벌어진 사건이다. 미쓰시게는 종종 충복 류조지 마타시치로와 바둑을 두곤 했다. 어느 날 대국 중에 기분이 상한 미쓰시게는 류조지에게 할복을 명한다. 이 소식을 들은 류조지의 어머니는 기르던 고양이에게 아들을 잃은 어미의 슬픔을 토로한 후 자결한다. 고양이는 그녀의 몸에서 흘러나온 피를 핥아 먹고는 바케네코가 되어 밤마다 미쓰시게의 성으로 가서 괴롭힌다. 결국 미쓰시게의 충복 고모리 한자에몬이 그놈을 해치우고 나베시마 가문을 구한다는 얘기다.

이 이야기는 19세기 중반 연극으로 만들어져 큰 인기를 끌었으나, 사가번 측의 항의로 상연이 곧 중단되고 만다. 하지만 공연을 중단시킨 것이 나베시마 가문의 사람이라는 사실이 드러나자 괴담은 대중들 사이에 더욱더 널리 퍼져 나갔다. 결국 이 괴담은 '고단講談'이라는 구전문학 형식으로 정착되어 후속편이 만들어지기도 했다. 거기서는 류조지의 부인이 자기 고양이에게 남편을 잃은 슬픔을 얘기한다. 그 얘기를 들은 고양이가 바케네코가 되어 시어머니의 고양이를 죽인 고모리 한자에몬의 아내와 어머니를 죽여 잡아먹고는 그 여인들의 형상으로 둔갑한다.[61]

한편 네코마타에는 두 종류가 있다. 하나는 깊은 산속에 사는 놈들로, 크기가 멧돼지만 하고 우는 소리가 온 산에 울려 퍼질 정도라고 한다. 후지와라노 사다이에(藤原定家, 1162-1241)의 일기 『명월기明月記』에는 가마쿠라鎌倉시대 인 1233년 지금의 나라奈良 지방에 네코마타가 나타나 하룻밤에 여러 명을 죽였는데 "눈이 고양이 같고 크기는 개만 했다"라는 얘기가 등장한다. 이것이 네코마타에 관한 최초의 기록이다. 또한 가마쿠라 말기인 1331년경 승려인 요시다 겐코(吉田兼好, 1283-1352)가 쓴 『도연초徒然草』에도 "깊은 산속에 네코마타라는 놈이 있어 사람을 잡아먹는다"라는 기록이 나온다.

네코마타 중에는 집에 사는 놈들도 있다. 역시 가마쿠라 시대에 나온 『고금저문집古今著聞集』(1254)에는 나이 먹은 집고양이가 집안의 가보를 물고 도망가는 바람에 사람들이 쫓아갔더니 네코마타로 둔갑했다는 얘기가 나온다. 집고양이도 나이가 먹으면 괴물로 둔갑해 사람을 미혹하고 잡아먹을 수 있다는 것이다. 그리하여 에도시대 이후로는 아예 산에 사는 네코마타는 원래 집에 살던 놈들이 뛰쳐나간 것으로 여겼다고 한다. 이 시대에 쓰인 이세 사다타케(伊勢貞丈, 1718-1784)의 『안재수필安斎随筆』에는 "늙은 고양이는 꼬리가 두 개 생겨, 네코마타라는 요괴가 된다"라

는 구절이 등장한다.[62]

산에 사는 네코마타 이야기는 실은 수나라 시절 중국의 '묘괴猫怪' 전설이 일본으로 수입된 것이다. 그리고 정체불명의 산짐승에 인간이 습격받은 일은 일본에서 실제로 있었던 사건일 것이다. 즉, 중국에서 들어온 환상이 실제 사건들의 뒷받침을 받아 일본 묘괴의 원형이 만들어진 것이리라.[63] 참고로, 일본의 집고양이는 이치조 천황(一条天皇, 980~1011) 때 중국에서 수입된 거라 한다. 그때만 해도 일본에는 산고양이밖에 없었다. 이 집고양이 문화가 황실에서 아래로 확산되면서 산에만 살던 네코마타가 가정으로 들어오고, 집 안의 네코마타가 다시 바케네코로 진화해갔을 것이다.

두 요괴 중에서 섬뜩한 것은 단연 바케네코다. 네코마타야 어차피 멀리 떨어진 산중에 사는 낯선 존재이지만, 바케네코는 비록 요괴이지만 늘 집에서 우리와 함께 살아가는 친숙한 존재이기 때문이다. 내가 늘 쓰다듬어주던 고양이가 갑자기 인간의 형상을 한 요괴로 둔갑하여 말을 하며 날카로운 발톱과 이빨로 공격해온다고 생각해보라. 얼마나 끔찍하겠는가. 내게 친숙한 놈일수록 그 끔찍함도 더 커질 것이다. 친숙함과 이상함의 모순적 결합. 이를 정신

분석학에서는 '언캐니uncanny', 즉 섬뜩함이라 부른다. 이런 의미에서 제대로 섬뜩한 것은 역시 바케네코다.

일본인들이 고양이에서 '요괴' 이미지를 본 것은 고양이 자체가 친숙하면서도 이상한 존재, 즉 가축화된 이후에도 완전히 야생성을 잃지 않은 동물이기 때문이리라. 그런 상황에서 고양이가 약간이라도 이상한 행동을 하면 바로 상상력이 발동하게 된다. 예를 들어 과거 일본에서는 고양이가 등불의 기름을 핥아 먹으면 집안에 이상한 사건이 벌어진다고 믿었다. 또 바케네코가 요괴로 둔갑하면 기분이 너무 좋아 수건을 머리에 쓰고 덩실덩실 춤을 춘다고 믿었다. 실제로 바케네코를 다룬 연극을 묘사한 그림 속에는 등잔 기름을 핥아 먹고 수건을 머리에 쓴 춤추는 고양이가 나온다.

고양이가 등잔 기름을 핥아 먹는 것은 그것이 생선 기름이기 때문이다. 일본의 식단은 주로 초식이기에 육식을 하는 고양이들은 늘 단백질과 지방이 부족하기 마련이다. 그래서 등잔의 생선 기름을 핥아 먹는 것이리라. 등잔의 기름을 핥을 때 고양이는 자연스레 두 발로 서게 되고, 이를 반대편에서 보면 머리 그림자가 크게 확대되어 보인다. 여기서 인간으로 둔갑한 요괴라는 이미지가 만들어졌을 게다. 고양이가 수건을 뒤집어쓰고 춤을 추는 것도 쉽게 설명이 된다. 나도 가끔 장난으로 루비의 머리에 수건을 씌우는데, 수건을 벗어버리려 버둥거리는 모습이 언뜻 보기에 춤을 추는 것 같기도 하다.

바케네코가 집 안에 화재를 일으킨다는 것도 얼마든지 합리적으로 설명이 가능하다. 고양이가 등잔에서 생선 기름을 핥아 먹으려다 잔을 엎을 수도 있잖은가. 하지만 고양이에게는 늘 뭔가 낯설고 이상한 측면이 있다 보니, 그놈이 조금이라도 이상한 행동을 하면, 당장 상상력이 발동해 요괴 고양이의 환상을 만들어낸 것일 게다. 일본에는 꼬리가 짧은 고양이(재패니스 밥 테일)가 많은데, 이는 과거에 고양이의 꼬리가 길면 나중에 바케네코가 된다고 하여 꼬리를 잘라낸 결과라고 한다. 꼬리 짧은 고양이를 선호하는 사회적 취향이 고양이의 진화에서 자연선택의 원리로 작용한 셈이다.

하지만 메이지유신 이후 상황이 달라진다. 사회가 근대화하고, 사람들이 합리적 사고를 하게 되면서 요괴 고양이 환상도 사라져가고, 그 자리를 '마네키네코'가 대신하게 된다. 마네키네코가 언제 등장했는지는 확실하지 않다. 하지만 안도 히로시게(安藤広重, 1797-1858)의 그림에 길거리 마네키네코 좌판대가 나오는 것으로 보아, 이미 19세기 중엽에 마네키네코가 꽤 널리 퍼졌음을 알 수 있다. 메이지明治 시대인 1876년에 신문에 마네키네코에 관한 기사가 실리고, 1902년에는 마네키네코를 판매하는 광고가 실린다. 마네키네코가 일본 사회에 대중문화로 뿌리를 내린 것은 메이지 시대, 특히 20세기 이후의 일로 추정된다.

마네키네코의 기원에 대해서는 일일이 소개할 수 없을 정도로 수많은 설이 존재한다. 도쿄에 사는 가난한 할머니가 고양이 먹일 것이 없어서 그냥 길에 풀어준다. 그날 밤 그 고양이가 할머니의 꿈에 나타나 제 모습으로 인형을 만들면 부자가 될 거라고 말한다. 잠에서 깬 할머니는 꿈에 본 대로 고양이 인형을 만들어 팔았고, 그 결과 큰 부자가 되었다고 한다. 그런가 하면 어느 귀족이 고양이가 손짓하는 것을 보고 따라갔다가 길을 벗어나는 바람에 적의 함정을 피해 목숨을 구했다는 얘기도 있다. 이 일로 인해 손짓하는 고양이가 행운의 상징으로 통하게 됐다는 것이다.

고양이 절로 유명한 도쿄의 고토쿠지豪德寺 전설도 있다. 1615년경 이이 나오타카井伊直孝라는 영주가 부하들과 절 앞을 지나다가 자기들에게 손짓하는 이상한 고양이를 따라 절 안으로 들어갔다. 때마침 비바람이 몰아쳐 영주와 사무라이들은 절에서 차를 대접받고 쉬면서, 주지 스님의 설법을 듣는다. 깊은 감명을 받은 나오타카는 "그것이 우리의 눈을 뜨게 해주었으며, 그 또한 부처님의 뜻이 아니겠느냐"라며 이후 이 가난한 절의 든든한 후원자가 되어준다. 이 모두가 고양이 덕이라 생각하여 절에서는 손짓하는 고양이의 상을 봉헌한 바, 이것이 마네키네코의 기원이라는 것이다.

왜 일본에는 괴담이 그토록 많았을까? 물론 우리에게도 기괴한 이야기가 있지만, 그 잔혹함과 부조리함에서는 일본의 기담을 따라갈 수가 없다. 사실 조선은 매우 '도덕적인' 나라였다. 반면 일본처럼 내전으로 인해 자고 일어나면 주인이 바뀌고, 역사가 달라지고, 정의가 뒤집히는 부조리한 상황에서는 도덕의 보편성과 일관성을 유지하기 어렵다. 그래서 그들은 삶을 '미학적으로' 조직하는 길을 택한 것이다. 일본의 사무라이들은 보편적 도덕이 아니라 한 개인(주군)에게 목숨을 바치는 '죽음의 미학'을 실천했고, 민중들은 이 전사들의 자의적 폭력에 목숨을 잃을지도 모르는 공포 속에 살아가야 했다.

라캉(Jacques Lacan, 1901–1981)의 표현을 빌리면, 조선이라는 사회가 왕에게도 할 말은 한다는 유교적 도덕의 '상징계'에 살았다면, 일본의 지배층과 피지배층은 언제라도 죽음과 대면해야 하는 '실재계'에 살았다고 할 수 있다. 언제라도 내게 찾아올 수 있는 그 어둡고 무서운 세계의 섬뜩한 느낌이 '상상계'의 각종 요괴물에 대한 취향으로 투영된 것일 게다. 하지만 메이지유신과 더불어 사무라이 문화는 종언을 고한다. 이제 일본인들도 주군의 자의적 폭력이 아니라 국가의 법률 아래 살게 된다. 이것이 아마도 섬뜩한 괴담을 양산했던 봉건적 사회심리의 토대를 무너뜨리는 결정타가 되었을 것이다.

마네키네코는 바로 이런 시기에 등장한 것이다. 마네키네코 전설에 종종 절이 등장하는 것으로 보아, 그 기원은 종교와 연관되어 있었을 것으로 보인다. 하지만 그것의 확산은 에도 말기와 메이지 초기에 사무라이를 제치고 등장한 신흥 상인계급을 빼고는 설명할 수 없을 것이다. 오늘날에도 마네키네코는 대부분 상점이나 식당, 혹은 술집에 놓여 있다. 원래 일본에서는 '남근'이 행운의 상징이었으나, 메이지유신 이후 국가에서 이를 남세스레 여겨 금지시키자 식당과 상점에서 그 대체물로 마네키네코를 세워두게 되었다고 한다. 한마디로 마네키네코는 일본 상인자본주의의 화신인 셈이다.

과거 네코마타나 바케네코의 이야기 속에는 명예·충성·원한·복수라는 봉건적 코드가 들어 있었다. 하지만 마네키네코가 상징하는 것은 격렬한 감정이 아니라 냉정한 이해, 즉 '고객'과 '재물'이라는 철저히 자본주의적인 가치다. 고양이의 이미지가 무서운 요물에서 귀여운 친구로 변한 것은 좋은 일이다. 하지만 여기에는 어떤 상실이 있다. 그 과정에서 고양이의 길들여지지 않는 야생성, 이해되지 않는 타자성, 통제당하지 않는 독립성도 사라져버렸기 때문이다. 그런 의미에서 마네키네코는 고양이의 자존심인 꼬리가 없는 재패니스 밥 테일을 닮은 셈이다.

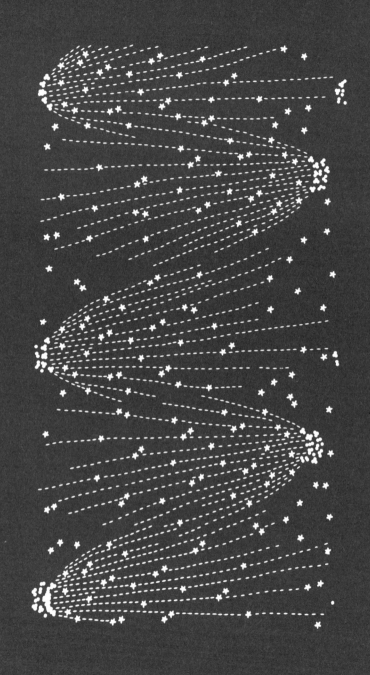

11

어쩌면 고양이가
철학자와
놀아주는지도

내가 고양이와 놀 때에 내가 고양이를 데리고 시간을 보내는 것인지, 고양이가 나를 데리고 노는 것인지 누가 알겠는가?[64]

철학자 몽테뉴(Michel de Montaigne, 1533-1592)의 말이다. 그가 행여 무료해할까 놀아준 고양이는 '마담 배너티'라는 이름의 여자아이였다. 왜 이름을 하필 '허영vanity'이라 지었을까? 알 수 없다. 고양이를 볼 때마다 인간의 허영을 경계하고 싶었는지도 모른다. 참고로, 몽테뉴는 어디선가 반려동물에게 이성과 영혼이 있음을 부정하는 것은 인간의 교만과 허영이라고 말한 적이 있다. 허영에 빠진 다른 인간들과 달리 몽테뉴는 동물에게도 이성과 영혼이 있다고 굳게 믿었다. 그에게 동물도 언어를 사용한다는 것은 자명한 사실이었다. 앞의 문장은 이렇게 이어진다.

플라톤은 사투르누스 신 치하의 황금시대를 묘사하여, 그때 사람들의 중요한 장점 중에서 짐승들과 의사가 통해 그들에게 물어 배움으로써 각기의 진정한 소질을 식별하여 알았기 때문에 지식이 대단히 신중하고도 완전하여 지금보다 훨씬 행복하게 오래 살 수 있었다는 점을 든다.

하지만 오늘날 인간은 불행히도 동물과 소통하지 못한다. 몽테뉴는 책임을 동물에게 돌리지 않는다. "어째서 짐승과 우리 사이의 의사소통이 불가능하게 된 결함이 그들에게만 있고 우리에게는 없단 말인가?" 책임은 외려 인간에게 있다. 인간들 중에는 "티아나의 아폴로니우스나 멜람푸스, 테이레시아스, 탈레스같이 짐승의 말을 이해한다는 사람도 있다" 예나 지금이나 동물은 인간에게 계속 말을 걸고 있고, 들을 귀를 가진 자는 알아들을 수 있다는 얘기다. 여기서 몽테뉴는 급진적인 결론으로 나아간다.

우리는 짐승과 사람이 대등하다는 사실을 주목해야 한다.

…… 짐승끼리는 전적으로 완전히 의사가 소통하며, 같은 종족끼리만이 아니라 다른 종족과도 이해하는 것을 우리는 명백히 본다. 도대체 우리가 가진 능력 중에서 동물의 행동에서 찾아보지 못할 것이 무엇이 있는가? 꿀벌 사회를 살펴볼 때에 직책과 직무가 이보다 더 많이 분화하고 질서 있게 구분지어 항구적으로 관리되는 정치제도를 또 어디서 찾아볼 수 있는가?

이렇게 철학자는 고양이와 놀다가 인간중심주의에 근본적인 의문을 제기한다. 생각해보라. 동물도 추론하고, 판단하고, 기억한다. 자기들끼리 소통도 하고, 사회를 조직할 줄 안다. 도대체 인간이 근본적으로 동물보다 우월하다는 근거가 어디에 있는가?

이에 발끈한 사람이 있었다. '근대 철학의 아버지'라 불리는 데카르트다. 몽테뉴가 동물과 인간의 경계를 슬쩍 흐려놓는다면, 데카르트는 반대로 동물과 인간을 뚜렷이 구별하려 한다. 데카르트에 따르면 인간과 동물은 다르다. 인간은 영혼이 있어 이성적으로 사유하고, 언어를 사용할 줄 안다. 반면 동물은 영혼도 이성도 없으며, 언어를 사용하지도 못한다. 몽테뉴는 인간이 동물의 말을 이해하지 못하는 것을 인간의 탓으로 돌렸지만, 데카르트의 생각은 다르다. 우리가 동물의 말을 알아듣지 못한다면, 그것은 그냥 동물에게는 언어가 없기 때문이다.

데카르트는 동물을 기계로, 말하자면 혈관 속으로 흐르는 생명 정기로 움직이는 일종의 유압식 기계로 보았다. 그에게 동물과 기계 사이의 차이란 질적인 것이 아니라 양적인 것이다. 즉 동물이라는 기계는 그저 "신이 지으셨기에 인간이 만든 것과는 비교할 수 없을 정도로 더 정교"할 뿐이라는 것이다. 물론 데카르트는 인간의 신체 역시 일종의 기계로 보았다. 하지만 신체만 가진 동물과 달리 인간에게는 신체 말고 다른 것이 있다. 바로 사유하는 영혼, 즉 정신이다. '나는 생각한다. 고로 존재한다.' 여기서 생각하기에 존재한다는 그 '나'는 신체가 아니라 '정신'이다.

두 철학자의 생각이 왜 이리 다를까? 먼저 몽테뉴는 가톨릭 신자로서 인간의 이성을 그리 높이 평가하지 않았다. 이성을 사용해 진리에 도달할 수는 없다고 보았기 때문이다. 교회와 성서의 가르침에서 벗어나는 순간 이성은 언제나 미혹에 빠질 수밖에 없다. 그러니 인간은 알량한 이성을 뽐내시 말고 신 앞에서 겸손하라는 얘기다. 게다가 르네상스까지만 해도 사람들은 인간과 동물의 차이를 절대적인 것으로 보지 않았다. 신이 인간에게 세상을 다스릴 권리dominion를 주셨다 하더라도, 신의 피조물이라는 점에서는 어차피 인간이나 동물이나 다르지 않다고 본 것이다.

반면 데카르트는 이성주의자·합리주의자로서 이성의 위대함을 믿었다. 그리하여 교회의 가르침을 포함해 이제까지 자신이 배웠던 모든 것을 의심에 부치고, 오직 제 이성의 힘만으로 확실한 인식에 도달하려 했다. 이른바 '방법적 회의' 끝에 그는 더 이상 의심할 수 없는 최초의 명증성에 도달한다. '나는 생각한다. 고로 존재한다.' 이로부터 그는 다른 진리들을 연역해내어, 그것들로 수학이나 기하학처럼 확실한 지식의 체계를 구축해나간다. 이렇게 인간은 이성적 '사유'를 한다. 인간은 사유하는 영혼, 즉 정신이다. 그 점에서 신체에 불과한 동물과 뚜렷이 구별된다.

흥미로운 것은 두 사람이 논증하는 방식의 차이다. 거기서 우리는 푸코(Michel Foucault, 1926~1984)가 말한 '에피스테메épistémè'의 차이를 볼 수 있다. '에피스테메'란 시대마다 달라지는 사유의 프레임을 가리킨다. 몽테뉴의 논증은 철저히 16세기 '르네상스 에피스테메' 안에서 전개된다. 그 시절 유사성은 곧 동일성의 증거로 통했다. 그리하여 르네상스인들은 사람의 턱에는 풀이 자라고, 사슴의 머리에는 나무가 자라며, 사람의 얼굴처럼 하늘의 덮개에도 일곱 개의 구멍(해·달·화성·수성·목성·금성·토성)이 있다고 생각했다. 그들에게 이는 한갓 '은유'가 아니었다. 그들은 정말로 사슴의 머리에는 식물이 자란다고 믿었다.

르네상스의 에피스테메에서는 은유가 곧 사실이 된다. 가령 어떤 약초가 우연히 인간의 장기를 닮았다면, 그 약초는 곧 그 장기에 좋은 것이다. 이에 따라 몽테뉴 역시 동물에게서 인간과 유사한 특성을 발견하면, 그것을 곧바로 동물이 정말로 인간과 동일하다는 증거로 받아들인다. "도대체 우리가 가진 능력 중에서 동물의 행동에서 찾아보지 못할 것이 무엇이 있는가?" 그래서 그는 동물도 언어로 의사소통을 하며, 꿀벌도 인간처럼 정치체제를 갖고 있으며, 나아가 자기가 고양이랑 놀아주듯이 정말로 제 고양이가 자기랑 놀아준다고 말할 수 있었던 것이다.

반면, 데카르트의 논증은 철저히 17세기 '고전주의 에피스테메' 안에서 전개된다. 이 시기에 사람들은 더 이상 '유사성＝동일성'이라고 믿지 않고, 모든 것을 '차이와 동일성'의 냉혹한 원리에 따라 구별하고 분류하려 했다. 예를 들어 고래는 겉보기에 물고기를 빼닮았다. 하지만 우리는 고래를 어류가 아니라 포유류로 분류한다. 사실 '유사성＝동일성'의 원리는 시적 은유이지, 과학적 분류가 아니다. 이 시기에 사람들은 차이와 동일성의 원리에 따라 모든 사물의 분류표를 만드는 걸 좋아했다. 이 표 속의 각 항목은 인접한 다른 항목과 명석판명clear and distinct하게 구별된다.

세르반테스(Miguel de Cervantes Saavedra, 1547~1616)의 『돈키호테』(1605)는 이 두 에피스테메의 교체를 보여준다. 소설에서 돈키호테는 '유사성＝동일성'의 원리에 따라 양떼를 군대로, 풍차를 괴물로, 여관집 여인을 귀부인으로, 현실을 기사 소설로 여긴다. 하지만 이 르네상스적 사고방식은 소설 속에서 이미 '착란증'으로 가차 없이 비웃음당한다. 데카르트가 몽테뉴에 사사건건 반대한 것은 이와 관련이 있다. 그의 철학적 기획 자체가 르네상스의 은유적 사유를 새로운 합리적 사유로 교체하기 위한 시도였기 때문이다. 데카르트의 눈에는 플라톤의 옛날이야기를 진지하게 믿어주는 몽테뉴가 어리석어 보였을지도 모른다.

하지만 시적 은유와 학적 분류 사이의 경계가 그가 생각하듯이 그렇게 명확한 것은 아니다. 예를 들어 데카르트 자신도 동물을 '기계'로 간주한다. 이는 은유일까, 분류일까? 이 시대에 누군가 '동물은 기계'라고 한다면, 우리는 그것을 은유로 받아들일 게다. 하지만 데카르트는 그것을 은유가 아니라 분류로 여겼다. 그의 분류표 속에서 동물은 기계와 같은 범주로 묶인다. 실제로 그의 제자라 할 수 있는 신학자 말브랑슈(Nicolas de Malebranche, 1638-1715)는 동물은 기계이기에 고통도 느끼지 못한다고 주장했다. 흥미롭게도 그는 이 명제를 '신은 공정하시다'라는 기독교 공리로부터 연역해낸다.

   1. 공정하신 신이 존재한다.
   2. 동물은 아무 죄가 없다.
   3. 공정하신 신은 죄 없는 자가 고통받게 하지 않으신다.
   ∴ 동물은 고통을 느끼지 않는다.

   말브랑슈에 따르면 "동물에게는 일상적 의미의 지성도 영혼도 없다. 그들은 쾌락 없이 먹고, 고통 없이 울부짖고, 알지 못하는 채 성장한다". 하지만 동물이 고통을 느낀다는 것만큼 자명한 사실도 없을 것이다. 동물이 고통을 느끼지 못한다면, 학대나 도살을 당할 때 그들이 울부짖는 것은 어떻게 설명할 수 있을까? 말브랑슈는 이렇게 대답한다.

만약에 그들이 지성이 있는 것처럼 행동한다면, 그것은 하나님이 자신을 보존하기 위해 자신을 파괴할 수 있는 것을 기계적으로 피하도록 그렇게 신체를 만들어주셨기 때문이다.[65]

동물의 고통은 진짜가 아니라 시뮬레이션에 불과하다는 얘기다. 실제로 이 합리주의 신학자는 동물의 비명은 "기계의 부품들이 서로 부딪혀 내는 잡음"과 다르지 않다고 보았다. 여기서 데카르트주의가 얼마나 과격했는지 볼 수 있다. '동물은 고통을 느끼지 못한다'는 명제는 우리를 불편하게 만든다. 이미 당시에 여기에 항의하는 목소리가 있었다. 가톨릭 사제인 장 멜리에(Jean Meslier, 1664-1729)는 데카르트의 동물기계론bête-machine이 어리석은 주장이자, 나아가 동물 학대를 정당화하는 혐오스러운 교리라 비판한다.

아무 해도 끼치지 않는 동물을 죽이고, 때려 기절시키고, 멱을 따는 것은 잔인하고 야만적인 행동이다. 왜냐하면 동물들도 우리와 똑같이 상처와 고통에 민감하기 때문이다. 그들을 영혼과 감정이 없는 한갓 기계로 여기는 새로운 데카르트주의자들의 주장은 헛되고, 그릇되고, 어리석다. …… 이는 정말로 어리석은 견해이자, 치명적인 원칙이자, 혐오스러운 교리다. 왜냐하면 그것은 명백히 인간의 마음속에서 이 가련한 동물들에 대한 친절함과 다정함의 느낌을 압살하는 경향이 있기 때문이다.[66]

이 말을 한 장 멜리에는 놀랍게도 사후에 무신론자로 밝혀진다. 그는 왜 신앙을 버렸을까? 그 이유의 하나로 그는 동물을 대하는 기독교인들의 잔혹함을 꼽았다. 그래도 그렇지, 어떻게 평생을 사제로 살아온 이가 무신론자가 될 수 있을까? 사실 말브랑슈의 논증 안에는 은밀히 무신론의 논거가 감추어져 있다. 이 합리주의 신학자는 신은 공정하기에 동물은 고통을 못 느낀다고 강변한다. 하지만 동물이 고통을 느낀다는 경험적 사실을 누가 부정하겠는가. 이 자명한 사실에서 출발하면, 훗날 돌바크(Paul Henri Diet-rich d'Holbach, 1723-1789)가 보여준 것처럼, 필연적으로 '신은 존재하지 않는다'는 결론에 이르게 된다.[67]

> 1. 동물은 고통을 받는다.
> 2. 동물은 죄가 없다.
> 3. 공정하신 신은 죄 없는 자를 고통받게 하지 않으신다.

∴ 공정한 신은 존재하지 않는다.

이런 추론에 따라 무신론자가 됐을까? 알 수 없다. 다시 몽테뉴의 서재로 돌아가자. 철학자가 고양이와 놀아주고 있다. 아니, 어쩌면 고양이가 철학자와 놀아주는지도 모른다. 장자(莊子, 기원전 365?-기원전 270?)와 나비처럼 "내가 고양이를 데리고 시간을 보내는 것인지, 고양이가 나를 데리고 노는 것인지 누가 알겠는가"? 몽테뉴 스스로도 자신의 물음이 수백 년 동안 이어질 거대한 철학적 논쟁의 서막이 될 거라고는 미처 알지 못했을 것이다. 논쟁은 지금도 이어지고 있다. 커다란 논쟁을 낳은 작은 물음. 태초에 '허영'이라는 이름의 고양이가 있었다.

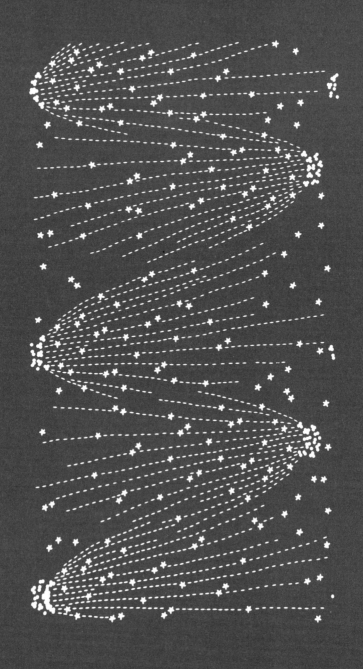

12

동물이
느끼지 못한다고
생각하는 한

논쟁은 끝나지 않았다. 동물이 기계가 아님은 분명해졌다. 이제 합리주의자들마저 동물에게 영혼이 있음을 인정하게 된다. 새 논쟁의 단초를 제공한 것은 영국의 경험주의자 존 로크(John Locke, 1632~1704)였다. 그는 동물에게도 이성이 있으며, 인간 이성과 동물 이성 사이에는 정도의 차이가 있을 뿐이라고 주장했다. 이에 맞서 대륙의 합리주의자들은 다시 동물과 인간을 명확히 구획하려 한다. 동물이 설사 영혼을 갖고 있더라도 그들 영혼에는 '이성'이 없다는 것이다. 동물에게 감각이 있음을 인정하더라도 자기들이 인간의 본질로 규정한 이성만은 양보할 수 없었던 것이다.

　가까스로 '영혼'을 되찾은 동물들은 이제 '이성' 없는 존재가 된다. 스피노자(Baruch Spinoza, 1632~1677)의 말을 들어보자. 그는 "동물도 감각을 갖고 있다는 것을 결코 의심"하지 않는다. 다만 이성이 없는 동물의 정동情動은 인간의 정동과 본질적으로 구별된다. ('정동'이란 스피노자 특유의 용어로, 데카르트의 '정신'과 달리 신체와 정신이 함께 어우러진 상태를 가리킨다.) 이에 근거하여 그는 인간에게 동물을 도축할 권리가 있다고 정당화한다.

여기서 동물의 도축을 금지하는 법률은 건전한 이성보다는 허망한 미신과 여성적 온정 위에 서 있다는 사실이 드러난다. …… 모든 권리는 그것의 역능이나 능력을 통해 정의되므로 인간은 동물에 대해 그들이 인간에게 갖는 권리보다 훨씬 더 큰 권리를 갖는다. 그렇다고 내가 동물에게 감각이 있음을 부정하는 것은 아니다. 내가 부정하는 것은, 우리의 유익을 위해 동물들을 임의로 사용하고 목적에 맞게 처분하는 것을 그 때문에 [=동물에게 감각이 있다 해서] 금지시켜야 한다는 주장이다.[68]

도축을 하든, 일을 시키든, 인간은 동물을 임의대로 처분할 권리를 갖는다는 것이다. 왜? "권리는 그것의 역능이나 능력을 통해 정의되"고, 인간의 역능이나 능력은 동물보다 우월하기 때문이다. 정신을 정동으로, 이성을 역능으로 바꾸어놓았을 뿐 동물에 대한 스피노자의 입장은 사실 데카르트와 다르지 않다. 심지어 그는 동물권 주장을 "허망한 미신과 여성적 온정"으로 치부하기까지 한다. 요즘 이런 발언 했다가는 바로 '여성 혐오'라 비난받을 게다.

라이프니츠(Gottfried Wilhelm Leibniz, 1646-1716) 역시 동물에게 영혼은 있어도 이성은 없다고 강조한다. 로크가 동물에게도 이성이 있다고 한 것은 동물도 가끔 지능적 행동을 하기 때문이었으리라. 이에 그는 동물 지능과 인간 이성을 범주적으로 구별한다. 즉, 지능적으로 보이는 동물의 판단은 원인에 대한 명확한 '인식'에서 나온 행동이 아니라, '연상'에 따른 습관적 행동에 불과하다는 것이다. 이성이 없으면 성찰도 할 수 없다. 따라서 동물은 인간처럼 자의식을 갖지 못하며, 자의식이 없기에 동물 영혼은 불멸의 인간 영혼과 달리 신체의 죽음과 더불어 사멸할 수밖에 없다고 한다.

사실 이는 새로운 얘기가 아니다. 일찍이 아리스토텔레스(Aristoteles, 기원전 384-기원전 322)는 『영혼론』에서 영혼을 식물 영혼·동물 영혼·인간 영혼으로 구분한 바 있다.

이 중 식물 영혼은 섭생 능력만 갖고, 동물 영혼은 그 위에 감각 능력·욕구 능력·이동 능력을 갖고, 인간 영혼은 그 모든 것 위에 사유 능력을 갖는다. 인간의 이성은 능동적 부분과 수동적 부분으로 나뉘는데, 전자는 육체의 죽음 후에도 불멸한다고 한다. 이 아리스토텔레스의 학설은 중세 후기의 스콜라철학에 그대로 받아들여진다. 결국 라이프니츠는 데카르트의 과격한 노선에서 벗어나 전통적 학설로 돌아간 셈이다. 재미있는 것은 그다음이다.

동물도 고통받는다는 것은 이성적으로 의심할 수 없으리라. 하지만 동물의 기쁨과 고통은 인간의 것만큼 강렬하지 않은 듯하다. 왜냐하면 동물은 성찰을 못하기에, 고통에 동반되는 걱정이나, 쾌락에 따르는 기쁨을 못 느끼기 때문이다.[69]

동물도 고통을 느낀다고 인정하는 순간, 인간은 윤리적 의무를 지게 된다. 즉, 동물에게 불필요한 고통을 주지 말아야 한다는 것이다. 하지만 동시에 인간은 먹기 위해 동물을 도축하고, 연구를 위해 동물을 해부해야 하고, 그러려면 동물에게 고통을 안겨줄 수밖에 없다. 라이프니츠의 발언은 이 딜레마에 대한 답변으로 보인다. 우리는 가끔 동물에게 고통을 줘야 하나, 동물은 자의식이 없어 고통도 덜 느끼니, 그에 대해 너무 죄책감 갖지 말라는 얘기다. 이를 동물 학대에 대한 반대로 봐야 할까, 아니면 옹호로 봐야 할까? 이에 비하면 칸트의 입장은 명확하다.

　동물을 학대하는 자는 다른 인간도 잔혹하게 대하기 마련이다. 동물을 어떻게 대하는지를 보면 그 사람의 가슴을 판단할 수 있다.[70]

　그가 이런 말을 했다는 것은 당시에 동물 학대가 여전히 널리 행해지고 있었다는 것을 암시한다. 하지만 여기서 주목해야 할 것은, 18세기에 이르러 동물을 바라보는 사회적 감성에 큰 변화가 일어나기 시작했다는 점이다. 17세기까지만 해도 커다란 즐거움 속에서 행해졌던 고양이 화형 등 동물 학대가 어느새 혐오의 대상으로 여겨지기 시작한 것이다. 동물 학대 금지는 계몽주의 기획 중 중요한 일부였다.

　칸트의 발언은 오늘날까지도 동물 권리를 주장하는 이들에게 즐겨 인용된다. 하지만 그들이 모르는 게 있다. 칸트는 결코 동물의 친구가 아니었다는 사실이다. 위의 문장을 다시 읽어보라. 칸트는 동물 자체를 위해 동물을 보호하려 한 게 아니다. 그가 동물 학대에 반대한다면, 그것은 동물에게 학대받지 않을 권리가 있다고 생각해서가 아니라, 그것이 인간에 대한 학대로 이어질까 우려해서였다. 결국 그는 동물이 아니라 인간을 위해 학대에 반대한 셈이다.『실천이성비판』에서 그는 이렇게 말한다.

모든 피조물 속에서 인간이 원하는 것은 어느 것이나, 또 인간이 할 수 있는 것은 어느 것이나, 그저 수단으로 활용될 수 있다. 오직 인간, 그리고 그와 더불어 모든 이성적인 피조물만이 그 자체로서 목적이다.[71]

이성을 가진 인간만이 '목적'이며, 나머지는 인간의 필요와 능력에 따라 갖다 쓰는 '수단'이라는 얘기다. 수단으로 분류되는 그 나머지 속에는 당연히 동물도 들어간다. 칸트가 무조건 따라야 할 윤리학의 최고 원칙으로 제시한 게 있다. 바로 '인간을 수단이 아니라 목적으로 대우하라'는 것이다. 좋은 말이다. 하지만 이를 뒤집으면 결국 동물은 수단으로 대우하라는 얘기가 된다. 이것이 근대 철학의 어쩔 수 없는 인간중심주의다. 여기서 한 가지 물음이 떠

오른다. 왜 인간만이 목적이어야 할까? 왜 인간만이 자기 목적이며, 세상의 모든 것은 수단이 되어 그의 처분에 따라야 할까?

아무리 생각해도 신이 인간에게 '바다의 고기와 공중의 새와 땅 위를 기는 짐승'을 다스리게 했다는 성경 구절 외에 딱히 근거가 없다. 물론 합리주의-계몽주의자들은 이에 더해 인간은 '이성'을 가졌기 때문이라고 주장하리라. 이처럼 동물에 대한 인간의 지배를 정당화하는 논리는 (1) 인간중심주의와 (2) 이성중심주의logocentrism 두 기둥 위에 서 있다. 과거에는 만물에 대한 인간의 지배권을 신이 주신 권리로 정당화했지만, 신을 믿지 않게 되면서 인간의 지배권을 정당화하는 새로운 논리가 필요해진다. 그래서 '이성'을 새 근거로 들이댄 것이다.

사실 칸트는 라이프니츠보다 인간과 동물 사이를 더 벌려놓았다. 동물에게는 이론이성만이 아니라 실천이성도 결여되어 있다고 말하기 때문이다. 칸트에 따르면 동물은 '필연의 왕국'에서 본능이라는 법칙에 따라 살아가는 종속적 존재인 반면, 인간은 동시에 '자유의 왕국'에서 자율적으로 행동하는 윤리적 주체이기도 하다는 것이다. 과연 그럴까? 칸트의 주장에 같은 계몽주의자인 볼테르(Voltaire, 1694~1778)는 이렇게 논평한다.

천체와 원소들, 동물과 식물들이 끊임없이 어쩔 수 없이 위
대한 존재의 법칙들에 따르는데, 인간 혼자만 그 법칙들에서
자유롭다고 말한다면, 그것은 매우 이상한 모순이자, 해괴한
난센스일 게다.[72]

신이 창조하신 피조물 속에서 오직 인간만이 '자유의 왕
국'에 살 시민권을 가졌다? 볼테르의 말마따나 이상하고
해괴한 생각이다. 인간에게 동물이 갖지 못한 '이성'이 있
다면 동물에게는 인간이 갖지 못한 다른 능력들이 있다.
왜 여러 능력 중에서 '이성'만이 그런 특권을 누려야 하는
가? 인간이 이성을 가졌다는 사실에서 논리적으로 동물에
대한 지배권이 나오지는 않는다. 나아가 인간이 '이성'을
가졌다는 사실을 고작 동물을 차별하고 배제하는 논리로
써먹는 게 과연 얼마나 이성적인 짓일까? 그리하여 철학
자 벤담(Jeremy Bentham, 1748~1832)은 마침내 이렇게 선언
한다.

언젠가 나머지 동물들도 오직 폭군의 손만이 박탈할 수 있

었을 권리들을 획득할 날이 올지도 모른다. 프랑스인들은 이미 피부의 검은색이 한 인간을 보상도 받지 못한 채 고문자의 변덕에 내맡길 이유가 못 된다는 것을 알게 됐다. 언젠가 다리의 수, 피부의 털, 척추 끝 모양 따위가 감각을 가진 생명을 같은 운명에 방치할 이유가 되지 못한다는 것을 인정할 날이 올지 모른다. [동물과 인간 사이에] 넘지 못할 선을 긋는 게 또 뭐가 있겠는가? 추론의 능력, 혹은 말하는 능력? 하지만 다 자란 말이나 개가 차라리 하루 혹은 일주일 혹은 한 살 먹은 아기보다 더 이성적이고, 더 말이 통한다. 그래서 입장이 바뀌었다고 가정하면 어떻게 되겠는가? 문제는 '그들이 추론을 할 수 있느냐?'도 아니고, '말을 할 수 있느냐?'도 아니다. '그들이 고통을 받을 수 있느냐?'다.[73]

이성이나 언어보다 중요한 것은 동물도 우리랑 똑같이 고통을 느낀다는 사실이다. 이로써 인간중심주의와 이성중심주의가 무너진다. 근대 철학을 지탱해온 이 두 기둥이 무너지면서 비로소 동물은 고통받을 수 있는 생명체로서 처음으로 고통받지 않을 '권리'를 갖게 된다. 1835년 영국 의회는 모든 동물에 대한 학대를 금지하는 '동물 학대법'을 통과시킴으로써 이 권리를 법적으로 보장하기에 이른다. 에른스트 하우슈카(Ernst R. Hauschka, 1926~2012)의 말대로, "인간들이 동물이 느끼지 못한다고 생각하는 한, 동물들은 인간이 생각하지 못한다고 느낄 것이다".[74]

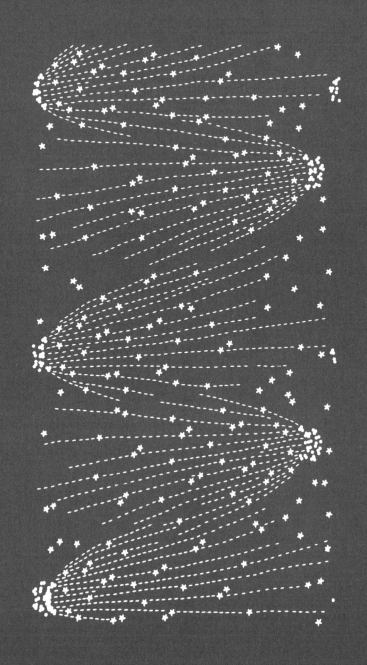

13

데리다가
고양이 앞에
부끄러움을 느낀 이유

애굽 전국에 전무후무한 큰 곡성이 있으리라. 그러나 이스
라엘 자손에게는 사람에게나 짐승에게나 개도 그 혀를 움직
이지 않으리니.[75]

　　『구약성서』「출애굽기」에서 신은 고집을 부리는 파라
오를 꺾기 위해 이집트 땅에 열 가지 재앙을 내린다. 그 열
가지 중 마지막 것은 이집트 땅에서 태어난 모든 맏이들의
목숨을 빼앗는 것이었다. 그때 신은 이스라엘 백성들에게
이스라엘 백성에 속하는 것이라면 사람만이 아니라 개까
지도 이 재앙을 피하게 해줄 거라 약속한다. 개가 누린 이
특별한 '권리'는 도대체 어디서 비롯된 것일까?
　　프랑스의 철학자 에마뉘엘 레비나스(Emmanuel Levinas,

1906-1995)는 「개의 이름 혹은 자연권」이라는 짧은 에세이에서 나치의 1492 수용소에서 겪은 일을 들려준다. 리투아니아계 유태인이었던 그와 그의 동료들을 죽음의 수용소에서 보호해준 것은 몸에 걸친 프랑스군 유니폼이었다. '전쟁 포로'였던 덕분에 그들은 가스실로 보내진 유태인의 보편적 운명을 피해갈 수 있었다. 하지만 그 점만 제외하고 그들 역시 민간인 유태인들처럼 가혹한 대우를 받았다. 감시병은 물론이고 수용소 곁을 지나는 민간인들도 그들을 인간으로 간주하지 않았다. "인간 이하, 원숭이 무리일 뿐이었다."

　"생각하는 존재"의 자격을 거부당하고 "언어 없는 존재"로 살아가던 그들을 끝까지 인간으로 대우해준 것은 인간이 아니라 한 마리의 개. 이 주인 잃은 개는 작업을 마치고 돌아온 어느 날 저녁 철조망 밖에 홀연히 나타나, 경비병에게 쫓겨나기 전까지 몇 주 동안 아침점호 시간마다 그들을 찾곤 했다. 포로들은 이 개에게 '보비'라는 이름을 붙여주었다. 보비는 하루 종일 포로들을 기다리다가 그들이 작업을 마치고 돌아오면 기쁨에 넘쳐 이리저리 뛰며 반갑게 짖어댔다. "의심할 여지없이 그에게는 우리가 인간이었다." 보비에 대해 레비나스는 이렇게 논평한다.

이 개는 나치 독일의 마지막 칸트주의자였다. 격률이나 충
동을 일반화하는 데에 필요한 두뇌가 없는.[76]

'칸트주의자'라는 표현은 '인간을 수단이 아니라 목적
으로 대우하라'는 칸트의 말과 관련이 있다. 수용소의 나
치들은 유태인을 인간 이하로 취급했으나, 보비는 그들을
인간으로 대우했다. 개가 인간보다 더 인간적이라니, 이
얼마나 비극적 역설인가. 하지만 이 말로써 레비나스가 동
물을 인간의 반열에 올려놓으려 한 것은 아니다. 왜? '동물
의 인간화'는 자칫 '인간의 동물화'로 이어질 수 있기 때문
이다. 레비나스 역시 스승인 하이데거처럼 인간중심주의
를 고수한다. 하이데거에 따르면 동물은 인간처럼 '역사'
를 가질 수도, '세계'를 구성할 수도 없다.

원숭이들도 그러잡을 수 있는 기관을 가지고 있다. 하지만
그들에게는 손이 없다. …… 오직 말을 할 수 있는 존재, 즉
생각하는 존재만이 손을 가질 수 있다.[77]

비슷한 어조로 레비나스 역시 동물에게는 '얼굴'이 없
다고 말한다. 동물은 인간과 같은 의미에서 윤리적 주체가

아니라는 얘기다. 그런데도 우리는 그들을 스스로 보호할 '책임'을 지고, 그들에게 학대받지 않을 '권리'를 수여한다. 왜 그럴까? 레비나스에 따르면 우리가 이렇게 동물을 윤리적 배려의 대상에 포함시키는 것은 동료 인간을 대하는 우리의 윤리를 동물에게까지 확장시킨 결과다. 즉, 우리가 동물에게서 얼굴을 본다면, 그것은 인간의 얼굴을 동물에 투사했기 때문이라는 것이다.

그렇다고 레비나스가 하이데거의 생각을 그저 반복하기만 한 것은 아니다. 앞에서 본 것처럼 하이데거는 여전히 인간이 동물과 달리 "말을 할 수 있는 존재", "생각하는 존재"라는 점을 강조한다. 하지만 레비나스에 따르면 인간을 진정으로 인간답게 만들어주는 것은 언어나 이성 따위가 아니다.

동물의 존재는 삶을 위한 투쟁이다. 윤리가 없는 삶의 투쟁. 이는 힘의 문제다. 하이데거는 『존재와 시간』의 서두에서 현존재[=인간]는 이 존재 자체를 배려하는 존재라고 말한다. 이는 다윈의 생각이다. 살아 있는 존재는 살기 위해 투쟁한다는 것. 존재의 목적은 존재하는 것 자체라는 것 말이다. 하지만 인간의 출현과 더불어 — 이것이 내 철학의 전체인데 —

나 자신의 삶보다 더 중요한 것이 있게 된다. 타자의 삶이 그
것이다. 이는 비합리적이다. 인간은 비합리적 동물이다.

레비나스에게 인간을 진정으로 인간답게 만들어주는
것은 '윤리'다. 윤리의 요체는 제 삶보다 타자의 삶을 더
중시하는 데에 있다. 그럴 수 있기에 인간은 오직 저만의
생존을 위해 살아가는 동물과 다르다. 하지만 왜 우리가
자신의 삶보다 타자의 삶을 더 중시해야 하는가? 거기에
합리적 이유가 있는 것은 아니다. 그렇기에 인간은 애초에
"비합리적 동물"이라는 것이다. 여기서 '언어'나 '이성'을
동물에 대한 인간의 우월성의 근거로 제시하는 철학적 전
통이 무너진다. 이렇게 이성중심주의를 무너뜨린 레비나
스도 인간중심주의만은 끝내 포기하지 않는다.

철학자 자크 데리다(Jacques Derrida, 1930–2004)는 '고로
내 안의 동물'이라는 제목의 강연에서 우리에게 독특한
체험을 들려준다. 어느 날 샤워를 마치고 욕실을 나서다
가 자기가 기르던 고양이와 마주쳤는데, 자신의 알몸을 바
라보는 고양이 시선 앞에서 부끄러움을 느꼈다는 것이다.
이 체험은 명백히『구약성서』에 나오는 한 장면을 연상시
킨다. 금지된 열매를 따 먹은 후 아담과 이브는 신 앞에서

자신들의 벌거벗은 몸을 부끄러워한다. "여호와 하나님이 아담을 부르시며 그에게 이르시되 네가 어디 있느냐. 가로되 내가 동산에서 하나님의 소리를 듣고 내가 벗었으므로 두려워하여 숨었나이다."(창 3:9-10)

낙원 추방의 이야기는 인간이 자연 상태에서 벗어나는 과정의 신화적 반영이라 할 수 있다. 뱀은 아담과 이브에게 금지된 열매를 따 먹으면 "너희 눈이 밝아 하나님과 같이" 될 거라 꼬드긴다. 감히 자신에게 도전하려 드는 인간의 죄hybris에 신은 아담에게는 노동의 수고를, 이브에게는 출산이라는 응보nemesis를 내린다. 인간은 형벌로 부과된 이 노동을 통해 언어 능력·사유 능력·제작 능력 등 동물과 구별되는 자신의 종적種的 특성을 갖추게 된다. 그런 의미에서 성경에서 말하는 '원죄'는 인간이라는 존재를 진정으로 인간답게 만들어준 위대한 범죄였다고 할 수 있다.

출산을 해야 한다는 것은 이제 인간이 죽게 되었다는 것을 의미한다. 유한한 존재는 출산을 통해서만 거듭되는 죽음 속에서도 자신의 존재를 영속화할 수 있기 때문이다. 사실을 말하자면, 인간은 에덴동산(자연 상태)에서도 여전히 죽었을 게다. 다만 다른 동물들처럼 자신이 죽는다는 사실을 알지는 못했을 것이다. 그러다가 어느 시점에선가

"눈이 밝아" 자신의 유한성을 의식하게 됐을 것이다. 철학자 하이데거는 자신이 죽는다는 것을 알기에 오직 인간만이 진정한 의미에서 죽을 수 있다고 주장한다. 동물의 경우에는 — 마치 건전지처럼 — 수명이 다하는 것에 불과하다는 것이다.

한편, 데리다는 동물과 인간 사이에 존재하는 또 다른 차이에 주목한다. 동물과 달리 인간은 자신의 벗은 몸에 부끄러움을 느낀다는 것이다. 하이데거와 비슷한 어법으로 데리다는 오직 옷을 입은 인간만이 진정으로 벌거벗을 수 있다고 말한다. 동물은 이미 벌거벗고 있기에 벌거벗을 수 없다는 것이다. 언뜻 보면 여기서 그는 '수치심'이라는 또 다른 요소를 들어 그러잖아도 동물과 인간 사이에 존재하던 격차를 더 넓게 벌려놓은 것처럼 보인다. 하지만 그가 이렇게 동물과 인간 사이의 차이를 늘리는 것은 동물에 대한 인간의 우월성을 강조하기 위한 것이 아니다.

문제는 '차이'가 아니라 '차별'이다. 차이가 차별의 근거가 된다면, 차별을 없애기 위해서 먼저 차이부터 지워야 할 게다. 동물의 친구들이 동물을 억지로 인간화하려 하는 것은 그 때문일 게다. 하지만 '차이'의 인정이 '차별'의 정당화를 의미하는 것은 아니다. 데리다처럼 차이의 목록을

늘린다고 동물과 인간 사이의 경계가 더 높아지는 것은 아니다. 외려 차이의 수를 증식시킬 때 둘 사이의 경계는 요동하게 된다. 가령 알리바바는 도둑이 자기 집 대문에 해놓은 표식을 지우는 대신에 동네의 모든 집 대문에 표식을 함으로써 식별의 기능 자체를 사라지게 하지 않았던가.

인간과 여러 측면에서 차이가 있음에도 불구하고, 우리가 동물에게 부여해야 하는 그 권리는 어디서 비롯되는가? 여기서 데리다는 자신의 체험으로 돌아간다. 그는 샤워를 마치고 욕실을 나서다가 자신의 알몸을 바라보는 고양이 앞에서 부끄러움을 느꼈다. 사실 이 체험에서 주목해야 할 것은 '부끄러움' 자체가 아니다. 그보다 중요한 것은 그것이 '누구' 앞에서 부끄러움이었냐는 것이다. 아담과 이브는 신의 응시 앞에서 부끄러움을 느꼈지만, 데리다는 고양이의 응시에서 부끄러움을 느꼈다. 한마디로 고양이가 『구약성서』 속 신의 자리를 차지하는 셈이다.

데리다에 따르면 동물을 바라보는 철학적 관점에는 크게 두 부류가 있었다. 하나는 "동물을 보기만 했지 동물에게 보인 적이 없는 사람들"의 담론이다. 데카르트는 동물을 '사유'가 없는 기계로 보았고, 라캉은 동물을 '언어' 없이 그저 자극-반응의 반사 활동만 하는 존재로 여겼다. 하이데거는 동물이 '죽음'을 의식하지 못하기에 진정으로 죽을 수 없다고 믿었고, 레비나스는 동물은 '얼굴'이 없기에 윤리적 주체가 될 수 없다고 주장했다. 내세우는 이유는 달라도 이들 모두는 동물을 우리에게 말을 걸어올 수 없는 존재로 여긴다. 그들에게 동물은 그저 응시gaze의 '대상'일 뿐이다.

다른 하나는 "동물에게 보인" 경험이 있는 사람들의 담론이다. 데리다가 고양이 앞에 부끄러움을 느낀 것은 그놈이 응시의 '주체'로 느껴졌기 때문이리라. 이처럼 동물을 말을 걸어오는 주체로 여기는 전통은 데카르트 이전으로 거슬러 올라간다. 중세에는 인간이나 동물이나 어차피 신의 피조물로 여겨졌다. 르네상스 시대의 몽테뉴는 여전히 동물도 말을 할 수 있다고 주장했다. 인간과 동물 사이에 높은 벽이 생긴 것은 17세기 이후의 일. 이 시기에 사람들은 동물과 구별되는 특징을 통해 자신을 '인간human'으로 정의하기 시작한다. 이를 우리는 '휴머니즘'이라 부른다.

근대는 물론이고 하이데거나 레비나스와 같은 현대 철학자들도 이 인간중심주의에서 자유롭지 못했다. 그런 의미에서 그들은 모두 데카르트주의자라 할 수 있다. 데리다는 다르다. 그에게 고양이는 응시의 주체다. 그렇다고 그가 데카르트 이전으로 돌아간 것은 아니다. 몽테뉴의 예가 보여주듯이 전前 데카르트적·비非데카르트적 전통에서는 동물에게 권리를 주기 위해 되도록 인간과 동물의 차이를 지우려 했다. 데리다는 굳이 동물을 인간화하지 않는다. 동물을 인간과 대등한 주체로 만들기 위해 그는 동물과 인간의 차이를 지우지 않고 외려 그 차이를 증식시킨다.

레비나스가 이성중심주의를 무너뜨리고도 여전히 인간중심주의를 고집했다면, 데리다는 이렇게 휴머니즘의 마지막 보루인 인간중심주의마저 무너뜨린다. 우리가 우리 자신을 '동물'과 구별하여 '인간'이라 부를 때, 우리 자신도 실은 '동물'이라는 명백한 사실은 슬며시 망각된다. 얼마나 속 들여다보이는 책략인가? 고양이의 일화로써 데리다는 우리가 내세워온 그 '인간' 관념이 한갓 형이상학적 허구에 불과하다고 꼬집는다. 하이데거였던가? 동물은 자신이 죽는다는 사실을 모르기에 진정으로 죽을 수 없다고 말한 것이. 여기에 데리다는 이렇게 대꾸한다.

고양이도 죽는 존재다. 왜냐하면 이름을 갖는 순간부터, 그의 이름은 그보다 오래 살아남기 때문이다.[78]

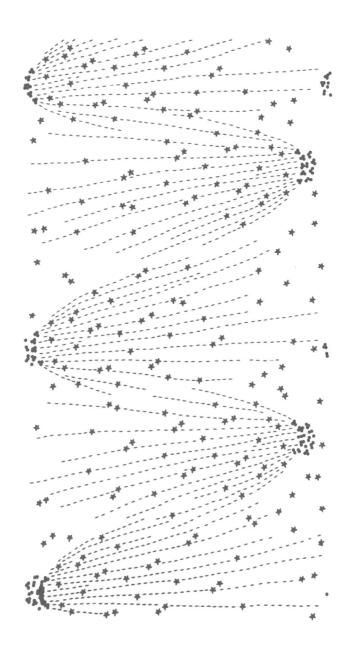

1   Jeanna Bryner, "House Cats' Wild Ancestor Found", *Live Science*,
    June 28, 2007.

2   Ferris Jabr, "Are Cats Domesticated?", *The New Yorker*, October
    23, 2015.

3   Jean-Denis Vigne, Isabelle Carrère, François Briois and Jean
    Guilaine, "The Early Process of Mammal Domestication in
    the Near East: New Evidence from the Pre-Neolithic and
    Pre-Pottery Neolithic in Cyprus", *Current Anthropology*, S52(4),
    S255-S271.

4   Azar Rabii, *Folk Tales From Persia*, BookSurge Publishing, 2009.
    Joshua J. Mark, "Cats in the Ancient World", *Ancient History
    Encyclopedia*, November 17, 2012. http://www.ancient.eu/arti-
    cle/466에서 재인용.

5   헤로도토스, 『역사』, LXVI-LXVII.

6   위의 책, 『역사』, LX.

7   Polyaenus, R. Shepherd (trans.), *Stratagems of War*, Book Ⅶ, G.
     Nicol, 1973.

8   디오도로스 시켈로스, 『역사도서관』, I권, LXXXIII.

9   Samuel Sharpe, *The History of Egypt Under the Ptolemies*, Edward
     Moxon, 1838, p.189.

10   Buffie Johnson, *Lady of the Beasts: The Goddess and Her Sacred
     Animals*, Inner Traditions/Bear&Co., 1994, p. 106.

11   Antoninus Liberalis, Francis Celoria (trans.), *The Metamorphoses
     of Antoninus Liberalis*, Routledge, 1992, p. 87.

12   Alexandrides, *Poleis*, Donald W. Engels, *Classical Cats: The Rise
     and Fall of the Sacred Cat*, Routledge, 1999, p. 198에서 재인용.

13   Desmond Morris, *Catlore*, Crown, 1988.

14   『신약성서』, 「사도행전」, 19 : 24-28.

15   『테오도시우스 법전』, XVI.10.10.

16   Donald W. Engels, *Classical Cats: The Rise and Fall of the Sacred
     Cat*, Routledge, 1999, p. 147.

17   Kathleen Walker-Meikle, *Medieval Pets*, Boydell Press, 2012, p. 29.

18   ibid.

19   Anne Savage, Nicholas Watson, *Anchoritic Spirituality: Ancrene
     Wisse and Associated Works*, Paulist Press, 1991, p. 201.

20   Hope B. Werness, *The Continuum Encyclopedia of Animal Symbol-
     ism in Art*, A&C Black, 2006, p. 75.

21   Jonathan Roper (ed.), *Charms, Charmers and Charming: Interna-
     tional Research on Verbal Magic*, Palgrave Macmillan, 2008, p.
     17.

22   Hans Zinsser, *Rats, Lice and History*, Transaction Publishers,

2008, p. 191.

23   Vox in Rama 11-16 — UB Basel Cod. BX 14, fol. XV-XIIIV in: Rainer Kampling (hrsg.), *Eine seltsame Gefährtin: Katzen, Religion, Theologie und Theologen*, Peter Lang, 2007, SS. 150-151에서 재인용.

24   Rainer Kampling (hrsg.), *Eine seltsame Gefährtin: Katzen, Religion, Theologie und Theologen*, Peter Lang, 2007, S. 131에서 재인용.

25   "Pope Innocent Ⅷ: Summis Desiderantes Affectibus" (1484) in: Alan Charles Kors, Edward Peters (ed.), *Witchcraft in Europe, 400-1700: A Documentary History*, University of Pennsylvania Press, 2001, pp. 177-179.

26   Franco Mormando, *The Preacher's Demons: Bernardino of Siena and the Social Underworld of Early Renaissance Italy*, University of Chicago Press, 1999, p. 62에서 재인용.

27   Sir James George Frazer, *The Golden Bough: A Study in Magic and Religion*, Vol. 1 (1922), Macmillan, 1960, p. 756.

28   Robert Darnton, *The Great Cat Massacre: And Other Episodes in French Cultural History*, Basic Books, 2009, pp. 83-84.

29   Norbert Elias, *Über den Prozeß der Zivilisation*, Bd. 1 (1939), Suhrkamp, 1976, S. 282.

30   Mark Hengerer, *Die verbrannten Katzen der Johannisnacht: Ein frühneuzeitlicher Brauch in Metz und Paris zwischen Feuer und Lärm, Konfessionskrieg und kreativer Chronistik* in: Bernd Herrmann (hrsg.), *Beiträge zum Göttinger Umwelthistorischen Kolloquium 2010-2011*, Universitätsverlag Göttingen, 2011, SS. 101-145 (S. 108).

31   Westphal, *Geschichte der Stadt Metz, Deutsche Buchhandlung*, Georg Lang, 1875, S. 286.

32   Nicolas Contat, *Anecdotes typographiques: où l'on voit la description des coutumes, moeurs et usages singuliers des compagnons imprimeurs* (1762) in: Robert Darnton, *The Great Cat Massacre: And Other Episodes in French Cultural History*, Basic Books, 1984, pp. 102-104에서 재인용.

33   ibid.

34   Keith Thomas, *Man and the Natural World: Changing Attitudes in England 1500-1800*, Penguin UK, 1991.

35   John Oswald, *The Cry of Nature, Or, An Appeal to Mercy and to Justice on Behalf of the Persecuted Animals* (1791), E. Mellen Press, 2000.

36   Adrian Franklin, *Animals and Modern Cultures: A Sociology of Human-Animal Relations in Modernity*, SAGE, 1999.

37   http://messybeast.com/showing.htm

38   Kathleen Kete, *The Beast in the Boudoir: Petkeeping in Nineteenth-century Paris*, University of California Press, 1994, p. 123.

39   Didier Hallépée, *Cat Secrets*, les écrivains de Fondcombe, 2011, p. 69에서 재인용.

40   ibid, p. 92에서 재인용.

41   Stéphane Mallarmé, *Mallarmé*, Penguin Books, 1965, p. 119.

42   Charles Baudelaire, *The Flowers of Evil* (1857), Oxford University Press, 2008, pp. 103-104.

43   Helen Abbott, *Between Baudelaire and Mallarmé: Voice, Conver-*

sation and Music, Ashgate Publishing, Ltd., 2009, p.162.

44   Helen M. Winslow, *Concerning Cats*, ICON Group International, 2010, p. 77에서 재인용.

45   Eliot Weinberger, *An Elemental Thing*, New Directions Publishing, 2007, p. 75.

46   Kathleen Kete, *The Beast in the Boudoir: Petkeeping in Nineteenth-century Paris*, University of California Press, 1994, p. 125 에서 재인용.

47   ibid, p. 128에서 재인용.

48   Pierre Bourdieu, Erec R. Koch, "The Invention of the Artist's Life" in: *Yale French Studies* No. 73, *Everyday Life*, Yale University Press, 1987, pp. 75-103.

49   Kathleen Kete, *The Beast in the Boudoir: Petkeeping in Nineteenth-century Paris*, University of California Press, 1994, p. 126.

50   ibid.

51   Detlef Bluhm, *Katzenspuren: Vom Weg der Katze durch die Welt*, Dotbooks, 2016에서 재인용.

52   테오도르 W. 아도르노, 홍승용 옮김, 『미학 이론』, 문학과지성사, 1984, 197쪽.

53   Detlef Bluhm, *Katzenspuren: Vom Weg der Katze durch die Welt*, Dotbooks, 2016에서 재인용.

54   이규보, 김성애 옮김, 「검은 고양이 새끼를 얻고서」, 『동국이상국 집』, 권 10. 한국고전번역원 사이트에서 재인용.

55   위의 사이트에서 재인용.

56   서거정, 임정기 옮김, 「오원자부」, 『사가시집』 제1권.

57 김시민, 「금묘가」, 『동포집』 권 2.

58 이익, 김철희 옮김, 「금묘」, 『성호사설』 권 4.

59 이익, 김대중 옮김, 「도둑고양이」, 『나는 모든 것을 알고 싶다: 성
    호사설선집』, 돌베개, 2010.

60 「육식에 대하여」, 위의 책.

61 Gary Melhorn, *The Esoteric Codex: Shapeshifters*, Lulu.com, 2015,
    pp. 28-33.

62 ibid, pp. 285-288.

63 Walther G. von Krenner, Ken Jeremiah, *Creatures Real and Imag-
    inary in Chinese and Japanese Art: An Identification Guide*, Mc-
    Farland&Company, Inc., 2015, pp. 98-101.

64 Michel de Montaigne, *The Essays of Michael Lord of Montaigne*,
    Vol. 2, J. M. Dent&Sons, Ltd., 1938, p. 142.

65 Nicholas Malebranche, Thomas M. Lenon and Paul J. Olscamp
    (trans. and ed.), *The Search after Truth* (1674-1675), Cambridge
    University Press, 1997, pp. 494-495.

66 Matthieu Ricard, *A Plea for the Animals: The Moral, Philosophical,
    and Evolutionary Imperative to Treat All Beings with Compassion*,
    Shambhala, 2016, p. 19에서 재인용.

67 Andrew Pyle, *Malebranche*, Routledge, 2003, p. 252.

68 Baruch de Spinoza, *Ethik: Spinoza's Sämtliche Werke*, Bd. 1, Übers.
    von O. Baensch, Dürr, 1905, S. 204.

69 Gottfried Wilhelm Leibniz, *Die Theodizee* (1710), (*Die Hauptwerke*),
    Zusammengefasst und übertragen. von G. Krüger, Kröner, 1958, S.
    266.

70 Andreas Blühm, *Tierschau: wie unser Bild vom Tier entstand*,

Wallraf-Richartz-Museum&Fondation Corboud, 2007, S. 103에서 재인용.

71   Immanuel Kant, *Kritik der Praktischen Vernunft* (1878), *Immanuel Kant's Werke: Sorgfaltig Revidirte Gesammtausgabe in Zehn Bänden*, Bd. 4, Modes und Baumann, 1838, S. 252.

72   Voltaire, Joseph McCabe (trans.), *Toleration and Other Essays*, G. P. Putnam's Sons, 1912, p. 211.

73   Jeremy Bentham, *The Works of Jeremy Bentham, Now First Collected: Under the Superintendence of his Executor, John Bowring* Part 1. W. Tait, 1838, p. 143.

74   Simon Bartholomé, *Über Gott und die Welt*, epubli, 2015, S. 144 에서 재인용.

75   『구약성서』, 「출애굽기」, 11:6-7.

76   Emmanuel Levinas, Seán Hand (trans.), *The name of a dog, or natural rights* in: *Difficult freedom*, Johns Hopkins University Press, 1990, pp. 151.

77   Martin Heidegger, *Was heißt Denken?*, Niemeyer, 1971, S. 50.

78   Jacques Derrida, Marie-Louise Mallet (ed.), David Wills (trans.), *The Animal That Therefore I Am*, Fordham University Press, 2008.

고로 나는 존재하는 고양이 — 역사
고양이는 이렇게 우리 곁으로 왔다

지은이   진중권

2017년 1월 16일 초판 발행
2020년 2월 14일 개정판 1쇄 발행

책임편집   홍보람
기획·편집   선완규·안혜련·홍보람
디자인   형태와내용사이

펴낸이   선완규
펴낸곳   천년의상상
등록   2012년 2월 14일 제2012-000291호
주소   (03983) 서울시 마포구 동교로45길 26 101호
전화   (02) 739-9377
팩스   (02) 739-9379
이메일   imagine1000@naver.com
블로그   blog.naver.com/imagine1000

ISBN 979-11-90413-06-0 04100
ISBN 979-11-90413-05-3 (세트)